二战战术手册

美军快速航母特混舰队和装甲步兵战术

［英］布莱恩·赫德　［英］格尔顿·L.罗特曼　著
［英］亚当·胡克　［英］彼得·丹尼斯　绘
邢天宁　译

民主与建设出版社
·北京·

© 民主与建设出版社，2025

图书在版编目（CIP）数据

二战战术手册.美军快速航母特混舰队和装甲步兵战术/（英）布莱恩·赫德，（英）格尔顿·L.罗特曼著；（英）亚当·胡克，（英）彼得·丹尼斯绘；邢天宁译.— 北京：民主与建设出版社，2025.3. — ISBN 978-7-5139-4870-8

Ⅰ. E83-62；E15-62

中国国家版本馆 CIP 数据核字第 2025KA1102 号

World War II US Fast Carrier Task Force Tactics 1943 - 45 by Brian Lane Herder
© Osprey Publishing, 2020
World War II US Armored Infantry Tactics by Gordon L.Rottman
© Osprey Publishing, 2009
This translation of World War II US Fast Carrier Task Force Tactics 1943 - 45 and World War II US Armored Infantry Tactics is published by Chongqing Vertical Culture Communication Co. Ltd. by arrangement with Bloomsbury Publishing Plc.
Chinese simplified translation rights © 2025 Chongqing Vertical Culture Communication Co. Ltd
All rights reserved.

著作权登记合同 图字：01-2025-0545

二战战术手册：美军快速航母特混舰队和装甲步兵战术
ERZHAN ZHANSHU SHOUCE MEIJUN KUAISU HANGMU TEHUNJIANDUI HE ZHUANGJIA BUBING ZHANSHU

著　　者	［英］布莱恩·赫德　［英］格尔顿·L.罗特曼
绘　　者	［英］亚当·胡克　［英］彼得·丹尼斯
译　　者	邢天宁
责任编辑	宁莲佳
封面设计	戴宗良
出版发行	民主与建设出版社有限责任公司
电　　话	（010）59417749　59419778
社　　址	北京市朝阳区宏泰东街远洋万和南区伍号公馆4层
邮　　编	100102
印　　刷	重庆长虹印务有限公司
版　　次	2025年3月第1版
印　　次	2025年4月第1次印刷
开　　本	787毫米×1092毫米　1/16
印　　张	14
字　　数	250千字
书　　号	ISBN 978-7-5139-4870-8
定　　价	99.80元

注：如有印、装质量问题，请与出版社联系。

目 录

主要缩略语表 I

单位换算表 III

第一部分
二战美军快速航母特混舰队战术
1943—1945 年 1

引　言 2
组　成 5
组织结构 15
舰载机航空队装备与组织 20
作战与战术 31
水面作战 65
空中作战 69
结　论 90

第二部分
二战美军装甲步兵战术 113

引　言 114
组织结构 119
详解装甲步兵营 132
武器与装备 145

战术：理论与能力……156
实践：步坦协同……178
部队战例……187
结　　论……194
参考资料……213

主要缩略语表

缩略语	全称	中文译名
AA	Anti-Aircraft	防空
ASW	Anti-Submarine Warfare	反潜战
Avgas	Aviation Gasoline	航空汽油
CAG	Carrier Air Group	航母航空兵大队
CAP	Combat Air Patrol	战斗空中巡逻队
CIC	Combat Information Center	战斗情报中心
FCTF	Fast Carrier Task Force	快速航母特混舰队
FDO	Flight Deck Officer or Fighter Direction Officer	飞行甲板主管或战斗机指挥主管
IJN	Imperial Japanese Navy	日本帝国海军
IJNAF	Imperial Japanese Naval Air Force	日本帝国海军航空队
LSO	Landing Signal Officer	着舰信号主管
OTC	Officer in Tactical Command (of Task Force or Group)	战术指挥官（即特混舰队或特混大队司令）
RAF	Royal Air Force (British)	（英国）皇家空军
RN	Royal Navy (British)	（英国）皇家海军
TF	Task Force	特混舰队（海军）
TG	Task Group	特混大队（隶属于特混舰队）
XO	Executive Officer	执行官（副舰长）
AAA	Anti-Aircraft Artillery	高射炮兵
Abn Div	Airborne Division	空降师
AFA	Armored Field Artillery	装甲野战炮兵
AIB	Armored Infantry Battalion	装甲步兵营
AIR	Armored Infantry Regiment	装甲步兵团
AP	Armor-Piercing	穿甲弹
Armd Div	Armored Division	装甲师
AT	Antitank	反坦克
CC	Combat Command	战斗指挥部
CCA、CCB、CCC	Combat Commands A, B, and C	A 或 B 或 C 战斗指挥部
CCR	Combat Command Reserve	R 战斗指挥部
GHQ	General Headquarters	总部
HE	High-Explosive	高爆弹

缩略语	全称	中文译名
HHC	Headquarters and Headquarters Company	部队队部和队部连
HMG	Heavy Machine Gun	重机枪
HQ	Headquarters	指挥部
Inf Div	Infantry Division	步兵师
LMG	Light Machine Gun	轻机枪
MG	Machine Gun	机枪
NCO	Non-Commissioned Officer	士官
OVE	On-Vehicle Equipment	随车装备
RC	Reserve Command	预备指挥部
SMG	Submachine Gun	冲锋枪
SOP	Standard Operating Procedures	标准行动规程
SPM	Self-Propelled Mount	自行式
TD	Tank Destroyer	坦克歼击车
TF	Task Force	特遣队（装甲步兵）

单位换算表

距离和长度

1 海里 ≈1.852 千米

1 英里 ≈1.609 千米

1 码 ≈0.914 米

1 英尺 ≈0.304 米

1 英寸 ≈2.54 厘米

重量

1 磅 ≈0.453 千克

速度

1 节 ≈1.852 千米 / 小时

二战美军快速航母特混舰队战术
1943—1945 年

第一部分

引　言

　　1943年11月,曾在1941年和1942年惨遭重创的美军舰队已成为遥远的回忆。取而代之的是一支崭新的海军,这支海军正从飞速动员的国内工业界不断接收舰艇,而快速航母特混舰队(Fast Carrier Task Force)则是其"皇冠上的明珠"。快速航母特混舰队是一种诸兵种合成武器体系,由战列舰、巡洋舰、驱逐舰,以及搭载战斗机和轰炸机的现代航空母舰组成。这种舰队融合了当时的新技术和新战术,其舰员也大多是"新晋人士"。

1944年11月,"衣阿华"级战列舰"新泽西"号(BB-62)和"埃塞克斯"级航母"汉考克"号(CV-19)在公海航行,其中前者是哈尔西海军上将的旗舰,后者则由麦凯恩海军中将坐镇。为对抗日军26节的"金刚"级(Kongo-class)战列舰,美国海军曾计划组建一支快速战列舰或快速航母独立打击部队。为此,美国政府在1938年下达了建造"衣阿华"级战列舰的命令,该级战列舰航速可达33节。虽然这种独立打击部队从未组建,但仍在概念上给了美军启发,并表明早在珍珠港事件之前,美军便已启动了作战革命,试图从传统"舰队作战"向"快速打击"转型。事实上,到1945年,美国海军都没有刻意谋求与日军重型战舰进行战列线决战。[美国海军历史资料网(Navsource)供图]

1944年12月12日,美国海军"兰利"号(CVL-27)轻型航母率领第38.3特混大队进入加罗林群岛的乌利希锚地,其后方是"提康德罗加"号(CV-14)重型航母,"华盛顿"号(BB-56)、"北卡罗莱纳"号(BB-55)和"南达科他"号(BB-57)战列舰,以及"圣菲"(Santa Fe)号(CL-60)、"比洛克西"(Biloxi)号(CL-80)、"莫比尔"(Mobile)号(CL-63)和"奥克兰"(Oakland)号(CL-95)轻巡洋舰。在美军太平洋舰队中,指挥官们都梦想打一场"海空联合舰队作战",上述由航母、战列舰和巡洋舰组成的堂皇之阵仿佛专门为此而设。但由于种种原因(尤其是航母对海打击半径远超其他水面战舰,以及雷达技术的日趋完善),这一梦想从未实现。(美国海军历史资料网供图)

二战期间，美国海军部署过许多快速航母特混舰队，其中大部分舰队都被部署在太平洋，有少部分被部署在大西洋，但它们之中有一支舰队是独一无二、无与伦比的。1943年11月—1945年8月，该舰队曾多次更换指挥官和番号，其中以马克·米切尔（Marc Mitscher）海军中将和"第58特混舰队"（Task Force 58）这一番号最广为人知。快速航母特混舰队是一种强大的打击力量，虽然有许多书籍都曾分析过其编队形式、携带的战机、指挥官及参与的战役，但在本书的第一部分中，我们将专门讨论这种舰队的组织结构、条令和战术。

从1943年11月到战争结束，快速航母特混舰队是美国太平洋舰队的进攻先锋。快速航母特混舰队是一种高速战斗舰队，由3—5个航母特混大队（Task Group）组成。每个特混大队以3—4艘快速航母[通常为两艘"埃塞克斯"级（Essex-Class）正规航母和1—2艘"独立"级（Independence-Class）轻型航母]为核心，组成直径4—6海里的环形巡航编队。快速航母周围有内层环形阵，通常包括2—3艘快速战列舰和4—5艘巡洋舰，至于其外层环形阵则由16—20艘驱逐舰组成。各特混大队均由海军少将担任指挥官，在巡航时，其中心一般相距12海里。在特混大队中，航空母舰、战列舰和巡洋舰通常被按舰种编入不同分队（Division），航母分队指挥官同时兼任其所在特混大队司令。而驱逐舰则被编为多个中队（Squadron），每个中队又下辖多个分队。分队是单舰之上最小的战术和行政管理单位。

组　　成

快速航母

　　1943年，美国海军拥有两种航空母舰：快速航母（Fast Carrier，又名舰队航母）和护航航母（Escort Carrier）。快速航母的航速超过30节，主要任务是高强度进攻作战。护航航母的航速为18节，主要任务是反潜（Anti-Submarine Warfare）、两栖空中支援和飞机运输。这两种航空母舰通常会分开行动，但会在作战行动中相互支持。在本书的第一部分中，我们将只讨论快速航母。

　　美国有建造大型快速舰队航母的传统。该传统始于1920—1927年，在此期间，美国对长874英尺、排水量48500吨的战列巡洋舰"列克星敦"（Lexington）号和"萨拉托加"（Saratoga）号进行了改装。由于尺寸巨大，加上航速极快，"列克星敦"级航母在战术和战役层面都拥有巨大优势。例如，其最高航速可达34.5节，可以甩掉棘手的水面舰艇和潜艇。另外，高航速还有助于舰载机起降。由于舰体空间庞大，"列克星敦"级航母可携带多达109架双翼飞机。战前，美国海军还建造了"突击者"（USS Ranger）号航母（CV-4，于1934年服役）。该舰的最高航速为29节，排水量为14810吨。经过对比测试，美国海军得出结论：大型快速航母比小型航母的效率更高。因此，除了后来服役的"黄蜂"（USS Wasp）号（CV-7。该舰的最高航速为29.5节，排水量为14700吨，于1940年服役，主要为利用《华盛顿条约》的剩余吨位而设计）之外，美国快速航母的设计思路大都遵循了"大载机量"和"高航速"的原则。

　　在美军中，大型航母舰种的代号为"CV"。在1943—1945年，快速航母特混舰队的主力是"埃塞克斯"级航母（该级首舰"埃塞克斯"号的舷号为CV-9）。该级航母的航速为33节，排水量为27500吨，可搭载90多架飞机。"埃塞克斯"级是"约克城"级（Yorktown Class）的改进型，不仅尺寸更大，还在航速、生存能力和打击能力上取得了极好的平衡。在15节的经济航速下，"埃塞克斯"级航母的理论最大航程为15440海里——由于美国海军拥有强大的海上补给能力（见下文"战略和后勤"部分），其实际航程远大于此。在二战中，参与战斗的"埃塞克斯"级航母共有14艘。此外，美军还拥有两艘"1942年战斗的幸存者"，即"列克星敦"级航母"萨拉托加"号（CV-3，航速为34.5节，

1943年4月15日，停在诺福克（Norfolk）的美国海军"约克城"号（CV-10）航母，当时该舰正在举行服役仪式，并且刚涂上"21号方案迷彩"（Measure 21 Camouflage）。这张照片也体现了"埃塞克斯"级舰队航母的庞大尺寸。在穿过巴拿马运河时，"埃塞克斯"号会因"钢铁刮擦和刮落混凝土"而产生"大量凄厉声响"，其炮管和宽达140英尺的飞行甲板则会"经常撞倒……离船闸边很远的混凝土灯柱"，但在航速30节时，其战术旋回直径（即转弯直径）只有765码。"埃塞克斯"级航母的设计定员为2386人（其中军官215人，士兵2171人），但到1945年，其定员已增至3448人。这虽然提高了战斗效率，却令舰上的生活空间愈发逼仄。（美国海军供图）

排水量为36000吨）和"约克城"级航母"企业"（USS Enterprise）号（CV-6，航速为33节，排水量为20000吨）。

快速航母特混舰队的另一个组成部分是"独立"级轻型航母（舰种代号为"CVL"）。该型航母共九艘，最高航速为31.5节，排水量为11000吨。这些航母源自富兰克林·罗斯福的提议：早在1941年10月，他就注意到"埃塞克斯"级首舰估计要到1944年才能服役，于是不顾海军反对，坚持要求将数艘"克利夫兰"级（Cleveland-Class）轻巡洋舰改装为应急快速航空母舰，以应付战时的紧急需求。正如人们所预料的那样，建成后的"独立"级航母的性能远不如大型航空母舰——其内部空间狭窄、装甲防护薄弱、舰载机起飞难度大，载机量只有33架（仅相当于"埃塞克斯"级航母载机量的三分之一）。但它们的航速很快，而且可以快速改装。战争形势的变化，证明了罗斯福的直觉的正确性。

表1 美国海军快速航母一览表（1943—1945年）

舰名	所属级别	服役时间	加入快速航母特混舰队的时间
"萨拉托加"号（CV-3）	"列克星敦"级	1927年11月	1943年11月
"企业"号（CV-6）	"约克城"级	1938年5月	1943年11月
"埃塞克斯"号（CV-9）	"埃塞克斯"级	1942年12月	1943年11月
"约克城"（Yorktown）号（CV-10）	"埃塞克斯"级	1943年4月	1943年11月
"列克星敦"（Lexington）号（CV-16）	"埃塞克斯"级	1943年2月	1943年11月
"邦克山"（Bunker Hill）号（CV-17）	"埃塞克斯"级	1943年5月	1943年11月
"独立"号（CVL-22）	"独立"级	1943年1月	1943年11月
"普林斯顿"（Princeton）号（CVL-23）	"独立"级	1943年2月	1943年11月
"贝劳伍德"（Belleau Wood）号（CVL-24）	"独立"级	1943年3月	1943年11月
"考彭斯"（Cowpens）号（CVL-25）	"独立"级	1943年5月	1943年11月
"蒙特雷"（Monterey）号（CVL-26）	"独立"级	1943年6月	1943年11月
"无畏"（Intrepid）号（CV-11）	"埃塞克斯"级	1943年8月	1944年1月
"兰利"（Langley）号（CVL-27）	"独立"级	1943年8月	1944年1月
"卡伯特"（Cabot）号（CVL-28）	"独立"级	1943年7月	1944年1月
"大黄蜂"（Hornet）号（CV-12）	"埃塞克斯"级	1943年11月	1944年3月
"巴丹"（Bataan）号（CVL-29）	"独立"级	1943年11月	1944年4月
"黄蜂"（Wasp）号（CV-18）	"埃塞克斯"级	1943年11月	1944年5月

续表·美国海军快速航母一览表（1943—1945年）

舰名	所属级别	服役时间	加入快速航母特混舰队的时间
"圣哈辛托"（San Jacinto）号（CVL-30）	"独立"级	1943年11月	1944年5月
"富兰克林"（Franklin）号（CV-13）	"埃塞克斯"级	1944年1月	1944年6月
"提康德罗加"（Ticonderoga）号（CV-14）	"埃塞克斯"级	1944年5月	1944年10月
"汉考克"（Hancock）号（CV-19）	"埃塞克斯"级	1944年4月	1944年10月
"伦道夫"（Randolph）号（CV-15）	"埃塞克斯"级	1944年10月	1945年2月
"本宁顿"（Bennington）号（CV-20）	"埃塞克斯"级	1944年8月	1945年2月
"香格里拉"（Shangri-La）号（CV-38）	"埃塞克斯"级	1944年9月	1945年4月
"好人理查德"（Bonhomme Richard）号（CV-31）	"埃塞克斯"级	1944年11月	1945年6月

本照片为"考彭斯"号舰岛特写，左前方可见1部飞行甲板起重机。如果有飞机坠毁，甲板航空作业将暂停，移动式起重机将全速清理飞行甲板，通常会把失事飞机扔到海里。["超战争"网站（Hyperwar）供图]

正在航行的"考彭斯"号（CVL-25）轻型航母（照片拍摄于1943年7月17日）。在这张照片中可以看到，虽然该航母舰首的飞行甲板颇为狭窄，但仍可容纳4架并排停放的F6F-3"地狱猫"战斗机。由于轻型航母的飞行甲板较小，因此飞行员往往可能成功降落颇感自豪。该级航母的首舰"独立"号（CVL-22）曾在舰首安装过1门5英寸38倍径火炮，但该火炮很快就被1座40毫米四联装机炮所取代，这也使"独立"级航母成了快速航母特混舰队中唯一一种没有安装5英寸38倍径火炮的舰艇。（美国海军历史资料网供图）

护航力量

快速航母特混舰队中绝大部分的舰艇都竣工于战时，并代表了当时建造工艺的极致水准。然而，到了1945年，舰队中舰龄超过3年的舰艇寥寥无几。但在战争中，它们也加装了更多雷达和高射炮，乘员数量远超最初的设计定员——这导致它们在1945年变得拥挤不堪，而且极为"头重脚轻"。

快速航母最强大的护航力量是10艘快速战列舰（Fast Battleship，舰种代号为"BB"），它们分别属于"北卡罗莱纳"级（North Carolina Class，排水量36600吨）、"南达科他"级（South Dakota Class，排水量35000吨）和"衣阿华"级（Iowa Class，排水量45000吨）战列舰。这些军舰均于1941—1944年开始服役。每艘快速战列舰都有9门16英寸主炮和20门5英寸38倍径高平两用副炮[①]，它们的最高航速为28—33节，可与快速航母同行。这些军舰还拥有重型高射炮，因此它们成了快速航母特混舰队的防空骨干。快速战列舰可以帮助特混舰队抵御敌方水面舰艇，如果情况有利，还能在舰载机的掩护下发动水面攻势作战。与航母不同，快速战列舰可以在夜间和恶劣天气下行动，并保护各种地理区域（如两栖登陆场、海峡，以及快速航空母舰与敌方舰队之间的开阔海域）免遭来自水面的攻击。

重巡洋舰（Heavy Cruiser，舰种代号为"CA"）可以提供防空支援。一旦爆发夜间水面战，它们还能阻止敌军逼近。虽然重巡洋舰的8英寸主炮射速较慢，但它可以在雷达引导下有效阻挡来袭之敌，使其无法向舰队发射鱼雷。虽然快速航母特混舰队中有许多于战前服役的重巡洋舰，但其"标配"是"巴尔的摩"级（Baltimore Class）重巡洋舰。该级巡洋舰于1943—1945年陆续服役，其最高航速为33节，排水量为14472吨，并装备有9门8英寸55倍径主炮和12门5英寸38倍径高平两用炮。1945年年初，2艘"阿拉斯加"级（Alaska Class）大型巡洋舰（Large Cruisers，舰种代号"CB"）抵达前线。该级军舰在巡洋舰中可谓"鹤立鸡群"，其最高航速为33节，排水量为29771吨，并装备有9门12英寸50倍径主炮和12门5英寸38倍径高平两用炮，但其具体任务与"巴尔的摩"级重巡洋舰并无区别。

[①] 译者注："南达科他"级首舰"南达科他"号只有16门127毫米副炮。

正在马萨诸塞州附近海域试航的"巴尔的摩"号（CA-68）重巡洋舰（照片拍摄于1943年6月18日）。在战争期间，美军的6艘"巴尔的摩"级重巡洋舰中有5艘服役于快速航母特混舰队。"巴尔的摩"号重巡洋舰是战时美国海军中唯一不受战前条约限制的重巡洋舰，其主要职责是为快速航母护航。（美国海军历史资料网供图）

  轻巡洋舰（Light Cruiser，舰种代号为"CL"）也可为快速航母充当防空屏障。在与敌方水面舰艇作战时，负责进攻的轻巡洋舰会利用6英寸速射主炮撕开敌方的警戒幕，让己方驱逐舰能向敌方战列线发射鱼雷。在快速航母特混舰队中，一般会标配"克利夫兰"级（Cleveland Class）轻巡洋舰。该级舰于1942—1945年陆续服役，其最高航速为32.5节，排水量为11744吨，并装备有12门6英寸47倍径主炮和12门5英寸38倍径高平两用炮。在水面战中，该级舰全部6英寸主炮的火力投送量可达到120发/分。此外,快速航母特混舰队可能还配有"亚特兰大"级或"奥克兰"级轻巡洋舰。这些战舰于1941—1945年陆续服役，其最高航速为33节，排水量为6590吨。这些战舰最初计划配备鱼雷，并充当驱逐领舰，但由于其拥有16门5英寸38倍径高平两用炮，因此经常被"非正式"用作防空巡洋舰。

  驱逐舰（Destroyers，舰种代号为"DD"）的特点是快速灵活，其任务包括为快速航母充当防空屏障、反潜平台、雷达警戒哨和快速救生舰（Plane Guard）。一旦爆发水面战，部分驱逐舰会掩护航母和战列舰，部分驱逐舰将发动鱼雷攻击。"弗莱彻"级（Fletcher Class）驱逐舰于1942年开始服役，航速为35节，排水量为2325吨，该级舰是美国在战争中建造数量最多的驱逐舰，也是快速航母特混舰

表 2　美国海军快速战列舰一览表（1943—1945 年）

舰名	所属级别	服役时间	加入快速航母特混舰队的时间
"北卡罗莱纳"（North Carolina）号（BB-55）	"北卡罗莱纳"级	1941 年 4 月	1943 年 11 月
"华盛顿"（Washington）号（BB-56）	"北卡罗莱纳"级	1941 年 5 月	1943 年 11 月
"南达科他"（South Dakota）号（BB-57）	"南达科他"级	1942 年 3 月	1943 年 11 月
"印第安纳"（Indiana）号（BB-58）	"南达科他"级	1942 年 4 月	1943 年 11 月
"马萨诸塞"（Massachusetts）号（BB-59）	"南达科他"级	1942 年 5 月	1943 年 11 月
"亚拉巴马"（Alabama）号（BB-60）	"南达科他"级	1942 年 8 月	1944 年 1 月
"衣阿华"（Iowa）号（BB-61）	"衣阿华"级	1943 年 2 月	1944 年 1 月
"新泽西"（New Jersey）号（BB-62）	"衣阿华"级	1943 年 5 月	1944 年 1 月
"威斯康星"（Wisconsin）号（BB-64）	"衣阿华"级	1944 年 4 月	1944 年 12 月
"密苏里"（Missouri）号（BB-63）	"衣阿华"级	1944 年 6 月	1945 年 1 月

正在进行防空演习的"密苏里"号（BB-63）战列舰。近景处是防空指挥平台（Sky Platform）——防空军官位于复示器显示屏（Repeater Display）前，照片左侧是 1 个对空瞭望哨（Sky Lookout）。通过右侧的烟雾，我们可以辨认出 3 座 20 毫米厄利孔高射炮，另外 2 号 16 英寸炮塔顶部也有 1 座四联装 40 毫米博福斯高射炮。（美国海军历史资料网供图）

"弗莱彻"级驱逐舰"科顿"(USS Cotten)号(DD-669)的侧影,该舰于1944年1月加入第58特混舰队。值得注意的是,"科顿"号驱逐舰有5座炮塔,每座炮塔各有1门5英寸38倍径高平两用炮。"弗莱彻"级驱逐舰专为远航设计,其很快成为快速航母特混舰队中的"军马"。它们经常负责雷达哨戒任务,这项工作非常危险,但它们从未得到应有的关注。(美国海军历史资料网供图)

队的"标准屏障"。该级驱逐舰装备有5门单管5英寸38倍径高平两用炮、10具21英寸Mark 15鱼雷发射管(即2座五联装鱼雷发射装置),以及若干反潜深水炸弹发射架和K型深弹抛射器。后来,美军又有"艾伦·萨姆纳"级(Allen M.Sumner Class)和"基林"级(Gearing Class)两种改进型驱逐舰服役,它们的首舰入役时间分别为1943年和1945年。这两种驱逐舰均拥有3座双联装炮塔和6门5英寸38倍径高平两用主炮,其中"艾伦·萨姆纳"级驱逐舰最高航速为34节,排水量为2200吨;"基林"级驱逐舰最高航速为37节,排水量为2616吨。

辅助舰船

为确保快速航母特混舰队快节奏运转，大量的辅助舰船至关重要，但它们经常被人遗忘。辅助舰船中最常伴随行动的船只是负责提供航行补给的高速舰队油船（High-Speed Fleet Oiler），其典型代表是"西马伦"级（Cimarron Class）油船。该级油船于1939年开始服役，最高航速为18节，排水量为24830吨。每艘"西马伦"级油船通常可装载80000桶重油、18000桶航空汽油和6782桶柴油，安装有4门用于防御的5英寸38倍径高平两用炮。

美国海军在机动后勤方面投资巨大，使其在这一领域展现出卓越的能力——没有机动后勤，快速航母特混舰队将难以行动。本照片摄于1945年3月4日，照片中的"西马伦"号油船（AO-22）正与"约克城"号航母并排航行，油船通过4个燃油补给站输送燃油。这些燃油补给站位于井甲板（Well Deck）上，每侧各2个。井甲板上方的轻甲板（Spar Deck）上则设置着重型油管绞车，使油船在波涛汹涌的太平洋上也能正常输送燃油。美国军舰使用的是C级锅炉燃料油（Bunker C，即6号燃料油），这是一种高黏度、重馏分的残渣油（Residual Oil），也是原油提炼出轻馏分和中馏分油（如汽油、柴油和煤油）之后的遗留物。C级锅炉燃料油极为黏稠厚重，需要预热到93—127摄氏度才能燃烧或输送。（美国海军历史资料网供图）

组织结构

战时，美国海军的主要远洋作战力量是"美国舰队"（United States Fleet）。"美国舰队"的最高指挥官是欧内斯特·金（Ernest J. King）海军上将，该舰队分为"大西洋舰队"（Atlantic Fleet）和"太平洋舰队"（Pacific Fleet）两部分——下辖多个带数字番号的下属舰队，其中在大西洋的舰队番号为偶数，在太平洋的舰队番号为奇数，每个舰队均负责一个特定地理区域。

1943年8月5日，美军成立了"中太平洋舰队"，即"大蓝舰队"（The Big Blue Fleet），其指挥官为雷蒙德·斯普鲁恩斯（Raymond Spruance）海军中将。该舰队隶属于切斯特·尼米兹（Chester Nimitz）上将指挥的太平洋舰队。1944年4月26日，中太平洋舰队正式更名为"第5舰队"（Fifth Fleet），其任务是执行"橙色"战争计划（War Plan Orange）中设想已久的中太平洋攻势——最终目的是通过舰队决战完成对日封锁，进而结束整个战争。

自成体系的第5舰队规模庞大，囊括了美国太平洋舰队的大部分一线作战单位，并由3种相互补充的部队——快速航母特混舰队（高速战斗舰队）、联合远征部队（包括两栖轻型舰艇分队、两栖空中和火力支援部队，以及乘船行动的海军陆战队和陆军师）、防御部队和岸基航空兵（包括预制装配式前方基地、海军陆战队岸防营，以及美国海军、海军陆战队和陆军航空兵的岸基航空单位）——组成。

1941年4月，美国海军正式采用"特混舰队"（Task Force）编组形式。这种编组的特点在于其规模和配置能够根据既定任务进行灵活调整，而且舰队司令的军衔至少应为海军少将。特混舰队又可以细分为多个"特混大队"，进而再细分为"特混分队"（Task Unit），甚至是"特混小组"（Task Elements）。这种不拘一格的四级体制为美国海军提供了极大的作战灵活性。

1943—1945年间，美军快速航母特混舰队有许多名称和番号，而且这些名称和番号经常同时出现，很容易让人费解。正式名称为"第1航母特混舰队"（First Carrier Task Force）的海军编队成立于1943年11月中旬，但有时该舰队也被称为"第50特混舰队"。后来，随着海军中将马克·米切尔成为该舰队的司令，"第50特混舰队"也被更名为"第58特混舰队"。

1944年美军规划过一种指挥系统，名为"两班轮换"制度（Two-Platoon）。

表 3 美国快速航空母舰特混舰队实力表（1943—1945 年）

行动区域	日期	所属舰队	舰队司令	特混舰队编号	特混舰队司令	特混大队数量	航空母舰（正规航母+轻型航母）数量	舰载机数量	战列舰数量	重巡洋舰（重巡洋舰+"阿拉斯加"级大型巡洋舰）数量	轻巡洋舰（轻巡洋舰+防空巡洋舰）数量	驱逐舰数量
吉尔伯特群岛	1943年11月	第5舰队	斯普鲁恩斯	第50特混舰队	波纳尔（Pownall）	4个	11艘（6+5）	703架	5艘	3艘（3+0）	3艘（0+3）	21艘
特鲁克	1944年2月	第5舰队	斯普鲁恩斯	第58特混舰队	米切尔	3个	10艘（5+5）	579架	6艘	5艘（5+0）	5艘（3+2）	29艘
马里亚纳群岛	1944年6月	第5舰队	斯普鲁恩斯	第58特混舰队	米切尔	5个	15艘（6+9）	896架	7艘	8艘（8+0）	13艘（9+4）	58艘
莱特湾	1944年10月	第3舰队	哈尔西	第38特混舰队	米切尔	4个	17艘（9+8）	1074架	6艘	6艘（6+0）	9艘（6+3）	58艘
冲绳	1945年3月	第5舰队	斯普鲁恩斯	第58特混舰队	米切尔	4个	17艘（9+8）	1213架	8艘	7艘（5+2）	15艘（10+5）	86艘
日本*	1945年7月	第3舰队	哈尔西	第38特混舰队	麦凯恩	3个	16艘（10+6）	1150架	8艘	4艘（4+0）	15艘（10+5）	64艘
日本**	1945年7月	第3舰队	哈尔西	第38特混舰队、第37.1特混大队	麦凯恩、维安（Vian）	4个	20艘（14+6）	1404架	9艘	4艘（4+0）	21艘（13+8）	81艘

* 仅美国海军部队。
** 包括英国皇家海军第37.1特混大队，该大队指挥官为海军上将菲利普·维安（Philip Vian）爵士。

根据该制度，威廉·哈尔西（William Halsey，绰号"公牛"）在1944年8月26日接替了斯普鲁恩斯的职务，这导致第5舰队被更名为"第3舰队"——采用了哈尔西以前在南太平洋指挥的舰队的番号。同时，米切尔麾下的第1航母特混舰队（第58特混舰队）也改名为第2航母特混舰队（第38特混舰队）。米切尔一直担任该舰队的司令，直到1944年10月30日，约翰·麦凯恩（John S. McCain）海军中将接替了他的职务。1945年1月26日，斯普鲁恩斯和米切尔分别重新担任第5舰队和第58特混舰队的司令。但在1945年5月27日，哈尔西和麦凯恩又分别接替了这两个职位（舰队也随之更换了名字）。随后，哈尔西和麦凯恩分别指挥第3舰队和第38特混舰队直到战争结束。换言之，在这段时期，上述舰队只是指挥班子和番号发生了变化，但部队和舰员仍然是同一批。

到1944年中期，由于美国海军规模庞大，上级开始考虑拆分整个"大蓝舰队"，以便执行"奥林匹克"行动（Operation "Olympic"），即在1945年11月登陆日本九州。根据设想，第3舰队和第5舰队将分别独立运转。届时，哈尔西和斯普鲁恩斯将同时在海上指挥舰队，其中前者将负责对日本本州岛发动进攻性扫荡，而斯普鲁恩斯则指挥对九州发起的两栖登陆。而整个快速航母特混舰队也将被拆分为两部分，即第1航母特混舰队（第58特混舰队）和第2航母特混舰队（第38特混舰队），每支特混舰队各包括13艘快速航母。但随着1945年8月日本投降，上述计划也不了了之。

指挥

快速航母特混舰队中的舰艇所采用的技术均来自20世纪40年代，包括蒸汽动力系统、机械计算机和真空管电子设备等。这些技术非常耗费人力。1944年6月6日，米切尔率领第58特混舰队从马朱罗环礁（Majuro）出发时，其麾下一共拥有15艘快速航空母舰、7艘快速战列舰、21艘巡洋舰、58艘驱逐舰和约900架飞机，其总人数高达96618人，相当于7个美军步兵师，比诺曼底战役首日登陆的美军还要多出近24000人。航母、战列舰和巡洋舰的舰长均为海军上校。驱逐舰和油轮的舰长则大多为海军中校，甚至还有一些服役仅5年的海军少校。

1924年6月24日，美国国会通过立法规定所有航空母舰、海军航空部队和海军航空基地必须由航空人员指挥，同时这些人员应获得必要资质。这一要求可谓高瞻远瞩，而且独具美国特色，并在二战中展现了其宝贵价值。因为"海军航空兵仍未脱离襁褓"，缺乏合格的高级军官，所以美国海军开设了一些临时航空"观察员"（Observer）课程，以便满足国会的要求。不过，只有少数人获得了正规飞行员资质徽章（如哈尔西和金）。

受此影响，海军航空兵和其他一线军官难免在文化和职业发展上存在差异。海军航空兵是一个喜欢打破常规、富有革命精神的兵种，其成员都拥有一种不拘小节、直言不讳的个性。海军航空兵的内部文化不断发展强化，和"大炮俱乐部"形成了鲜明对立——后者拥有一个狭隘的小圈子，并且极度推崇战列舰。一战中，美国海军航空兵采用了海军陆战队航空兵的棕色鞋，而没有使用其他海军人员的黑色鞋。受此影响，海军航空兵很快被称为"棕鞋"（Brown Shoes），而其他海军人员则被称为"黑鞋"（Black Shoes），从而让上述文化分歧变得更加严重。这种差异虽然不起眼，但却是双方对立的最鲜明象征之一。此外，海军航空部门也有派系对立的情况出现：其中一派出身于职业航空兵，而另一派则是毕业于高级军官培训课程的"后来人"。

1942年之前，航母特混舰队经常由非航空部队的人员指挥，但航空部队总是抱怨这些人不懂作战。海军航空兵的非官方"教父"是约翰·托尔斯（John H. Towers）海军中将，他是太平洋舰队航空部队司令（Air Force, Pacific Fleet），同时也是太平洋舰队司令尼米兹的副手。1943年8月21日，他在谈到快速航母特混舰队时指出："在太平洋的战场上，我们可能速战速决，也有可能陷入长期苦战，而这将取决于我们以怎样的技巧和想象力运用这支强大的部队……航母空中作战极为专业化，应由受过全面训练的军官执行。拥有'航空意识'（Air-Minded）并不能替代'长期航空经验'。"

在1944年夏季，快速航母分队司令（特混大队司令）通常从表现优异的快速航母舰长中选拔而来。但在晋升之前，他们会先在护航航母分队里担任指挥官，接受一段时间历练。另外，在正式上任之前，他们还会以"观察员"的身份和部队一起行动数月——这种在职培训也被称为"边看边学"（Makee-Learn）。

由于战时行动需要，航空兵出身的海军将官变得愈发炙手可热，其风头甚至盖过了"战列舰出身的同侪"。在特混大队中，指挥航母的将官通常更为年轻，而且资历也远不如"外围警戒力量指挥官"。但欧内斯特·金海军上将下令，特混大队司令必须由指挥航母的将官担任,且无需考虑其资历。这一举动也颠覆了海军传统。1944年1月,金下令所有非航空兵指挥官都要配备航空兵参谋长,同时所有航空兵指挥官也要配备非航空兵参谋长。这道命令最初很不受欢迎,但它打破了"小圈子",并为美国海军各参谋部门注入了"新智慧"。在战时,美国海军迅速成长为"航空海军":1943年10月—1945年8月,海军共有30名上校晋升为将军,其中19人来自航空部队。

舰载机航空队装备与组织

航空母舰需要专用飞机，这些飞机必须坚固耐用，例如：机身和起落架必须能有效对抗盐水腐蚀；由于飞机在航母上"硬着陆"时会陷入某种"受控失速"状态，并被阻拦索和阻拦网猛然挡住，因此必须加强飞机的结构，使其能承受巨大的冲击力。美国航母舰载机普遍采用星型风冷式发动机，这种发动机坚固耐用、维护简单。此外，该发动机还有助于缩短机首长度，从而改善射击视野和降落视野。不过，与液冷直列式发动机相比，星型风冷式发动机的正面横截面更大，会产生较大的空气阻力。

1941年，美国海军开始为舰载机安装驾驶舱装甲和自封机翼油箱。每个自封油箱都拥有多层天然橡胶和合成橡胶内衬，一旦油箱被子弹击穿，其内衬橡胶会膨胀并封住洞口，从而避免燃料外泄，降低起火风险——这些都是日本战机不具备的特点。虽然自封油箱会令战机的重量增加、性能下降，但却提高了机组人员的存活率——被拯救的飞行员会吸取经验教训，并将其传授给别人。这令"美军机组人员的素质形成了良性循环"，是日军无法比拟的。上述情况无疑对战争有决定性意义。

在1942年的航母作战中，美国航母装备有F4F"野猫"（Wildcat）战斗机、SBD"无畏"（Dauntless）俯冲轰炸机和TBD"毁灭者"（Devastator）鱼雷机。这些机型当时已显老旧，到1943年下半年，它们几乎全部让位于新一代机型。新机型在性能和作战载荷方面的表现更为优秀，"野猫""无畏"和"毁灭者"的发动机平均功率为1033马力，然而在它们的继任型号——如"地狱猫"（Hellcat）、"海盗"（Corsair）、"地狱俯冲者"（Helldiver）和"复仇者"（Avengers）——中，这一数字几乎翻了一番，发动机的功率达到了1962马力。

飞机之间的无线电通信必须简明扼要，一定要使用标准用语，杜绝多余通信。1943年年末，美国航母舰载机普遍使用25瓦的AN/ARC-5型电台，该电台能通过4通道甚高频调幅（VHF-AM）无线电话进行"机对机"或"机对舰"的语音通话，也可发送莫尔斯电码。之后，美军还推出了8瓦AN/ARC-1型10通道甚高频电台。另外"复仇者"和"地狱俯冲者"还额外配有100瓦AN/ARC-13型10通道电台。在100海里的距离内，各种甚高频和超高频通信工具的总体表现可靠，而且其通信范围还会随着飞机升高而不断扩大。

战斗机

1943年年末,格鲁曼F6F"地狱猫"成为美军快速航母的标准舰载战斗机。该机性能优秀,时速高达392英里,比日本A6M零式战斗机更加坚固,很多性能指标也优于日本战斗机,只有低速机动性略有不及。"地狱猫"共击落敌机5163架,自身空战损失为270架,与零式战斗机的交换比为13∶1。此外,它还"培养"了305名海军和海军陆战队的王牌飞行员。美国海军历史上战绩最好(34次胜利)的王牌飞行员戴维·麦坎贝尔(David Mc Campbell)中校回忆说:"'地狱猫'是出色的战斗机。它性能良好,易于驾驶,作为'开火平台'时的表现十分稳定。但令我印象最深的是它的坚固耐用和容易维护。"

照片中的两架格鲁曼F6F-3"地狱猫"战斗机上喷涂了三色迷彩和红边框机徽——其中后者只在1943年春季和夏季被短暂使用过。格鲁曼公司宣称"地狱猫"可以由"拥有200个飞行小时的乡下小伙子"驾驶。"地狱猫"在2年内的产量高达11000架。该机性能优异、火力强大、易于操控、结构坚固,从1943年年底到战争结束,一直都是美国航母的标配舰载战斗机。1945年11月,格鲁曼公司生产出了第12275架,也是最后一架"地狱猫"。
[维基媒体(Wikimedia)供图]

沃特 F4U"海盗"战斗机是于 1940 年设计的。虽然该机性能强大且备受期待，但一直受相关技术问题困扰。相对于"地狱猫"而言，"海盗"战斗机的"严重麻烦"更多，一度被认为不适合上舰。这导致该型号的战机在 1943 年被"发配"给了陆上基地和海军陆战队。不过，"海盗"战斗机在这些新岗位上的表现优异。同时，英国皇家海军也从技术和条令层面入手，采取了一系列改进措施，从而基本解决了"海盗"战斗机的上舰问题。1944 年 4 月，F4U-1"海盗"战斗机正式获得上舰资质。随后，美国还开发出了改进型 F4U-4 战斗机（于 1944 年 10 月正式列装海军中队），该机型的最高时速可达 446 英里。1945 年 2 月，美国海军和海军陆战队拥有的"海盗"战斗机的数量已占快速航母搭载的战斗机总数的 25%。

1945 年，1 架 F4U"海盗"战斗机正在向冲绳岛上的日军阵地发射火箭弹。1940 年 10 月 1 日，"海盗"战斗机成为美国第一架时速超过 400 英里的单引擎战斗机。不过，直到 1945 年年初，美军才开始在快速航母上部署"海盗"战斗机中队。"海盗"战斗机经常"客串"俯冲轰炸机——与后者相比，前者的打击精度更高，每天可执行更多任务。而且，"海盗"战斗机占用的甲板面积只相当于"地狱俯冲者"俯冲轰炸机的三分之二。
[美国海军航空博物馆（US Naval Aviation Museum）供图]

"地狱猫"和"海盗"战斗机都装备了 6 挺 M2 或 M3 勃朗宁 0.50 英寸口径机枪——它们是 1945 年之前美国海军战斗机的主要武器。在 1943—1945 年间，M2 机枪的射速从每分钟 850 发提高到了每分钟 1200 发，而其改进型（M3 机枪）则配有司太立合金（Stellite）材质的枪管衬管。到战争后期，一些战斗机开始换装西斯帕诺 - 絮扎（Hispano-Suiza）20 毫米机炮（杀伤力更大）。与太平洋战场上最初的那批战斗机相比，"地狱猫"和"海盗"战斗机的性能明显更强。它们在空战中"能凌驾于所有日军量产战斗机之上",在对地攻击任务中也表现优异。这些战斗机之所以能拥有如此卓越的性能,普惠公司(Pratt & Whitney)的 R-2800"双黄蜂"18缸星型发动机功不可没。

表4 美国快速航母舰载机一览表(1943—1945年)

	格鲁曼 F6F-3"地狱猫"	沃特 F4U-1D"海盗"	道格拉斯 SBD-3"无畏"	柯蒂斯 SB2C-4"地狱俯冲者"	格鲁曼 TBF-1C"复仇者"
机种	战斗轰炸机	战斗轰炸机	侦察机/俯冲轰炸机	俯冲轰炸机	鱼雷机
长度	33 英尺 7 英寸	33 英尺 4 英寸	32 英尺 8 英寸	36 英尺 8 英寸	40 英尺
翼展	42 英尺 10 英寸	41 英尺 0 英寸	41 英尺 6 英寸	49 英尺 9 英寸	54 英尺 2 英寸
高度	13 英尺 1 英寸	16 英尺 1 英寸	13 英尺 7 英寸	13 英尺 2 英寸	16 英尺 5 英寸
满载重量	12441 磅	12039 磅	9407 磅	14189 磅	16412 磅
发动机型号	R-2800-10W	R-2800-8W	R-1820-52	R-2600-20	R-2600-8
马力	2000 马力	2250 马力	1000 马力	1900 马力	1700 马力
最大时速与高度	375 英里、17300 英尺	425 英里、20000 英尺	250 英里、16000 英尺	295 英里、16700 英尺	257 英里、12000 英尺
巡航时速	160 英里	182 英里	152 英里	158 英里	153 英里
爬升率	3500 英尺/分	3120 英尺/分	1190 英尺/分	1800 英尺/分	1410 英尺/分
升限	37300 英尺	36900 英尺	27100 英尺	29100 英尺	21400 英尺
航程	1090 海里	500 海里	1345 海里	1165 海里	1105 海里
固定式武器	6 挺 0.50 英寸口径机枪	6 挺 0.50 英寸口径机枪	2 挺 0.50 英寸口径机枪	2 门 20 毫米机炮	2 挺 0.50 英寸口径机枪
活动式武器	无	无	2 挺 0.30 英寸口径机枪	2 挺 0.30 英寸口径机枪	1 挺 0.50 英寸口径机枪 + 1 挺 0.30 英寸口径机枪
最大载弹重量	1000 磅	2000 磅	1200 磅	2000 磅	2000 磅(鱼雷)

侦察机/俯冲轰炸机

俯冲轰炸可以提升攻击精度,并高效打击航行舰船。1942年,美军航母的最有力武器是道格拉斯 SBD"无畏"轰炸机,该机型因可靠性高和容易操纵而深受机组人员好评，但其机翼无法折叠。到 1943 年该机型就已经过时。不过由于飞行员的坚持，加上新式"地狱俯冲者"轰炸机问题重重，"无畏"直到 1944 年 7 月才从快速航母上退役。

柯蒂斯 SB2C"地狱俯冲者"是 SBD"无畏"的指定替代机型。于 1943 年交付军队的"地狱俯冲者"，不仅动力不足、低速操控性不佳，还存在机械和技术故障——其中部分原因是工厂的质量管理体系不够完善，但主要原因还是美国海军的要求朝令夕改，他们提出的修改意见多达 880 项，这导致技术和性能问题频繁出现。直到 1945 年，改进型 SB2C-4"地狱俯冲者"才解决了早期"地狱俯冲者"的种种痼疾。最终，"地狱俯冲者"击沉的日军舰船吨位数在所有机型中位居第一。

鱼雷机

鱼雷机的主要任务是击沉敌方航母和战列舰。1942 年 6 月，格鲁曼 TBF"复仇者"鱼雷机开始服役。该机拥有 2 挺固定式前射 0.50 英寸口径 M2 或 M3 机枪、1 座背部机枪塔（装有 1 挺 0.50 英寸口径机枪），并在机腹装有 1 挺 0.30 英寸口径勃朗宁 M1919 机枪——该机枪属于活动式武器，需要人员专门操纵，又名"尾刺"。TBF"复仇者"携带鱼雷时的航程为 1105 海里，在 12000 英尺高度的最高时速为 257 英里，标准巡航时速为 153 英里。由于空间充裕，"复仇者"可适应多种任务和配置，如充当空中雷达平台和贵宾运输机。格鲁曼公司给予了通用汽车公司生产授权，后者的产品名为 TBM"复仇者"，而且其数量远比 TBF"复仇者"多。到 1945 年，由于值得发动鱼雷攻击的"日本目标"已所剩无几，大部分"复仇者"都改为投掷炸弹。

水上飞机

除"亚特兰大"级和"奥克兰"级轻巡洋舰外，快速航母特混舰队的其他巡洋舰和战列舰都配有水上飞机。1944 年 6 月，第 58 特混舰队共有水上飞机 57 架。它们最初被用于火炮校射，后来又承担起了多种辅助任务。此类飞机具有水上作业能力，能营救落水飞行员——它们经常冒着炮火救回飞行员。而且，它们还能实施侦察。开战时，美国海军标配的水上飞机是柯蒂斯 SOC"海鸥"（Seagull），其最高时速为 165 英里。1943 年年底，沃特 OS2U"翠鸟"（Kingfisher）成为美国海军的标配水上飞机，该机的时速为 164 英里。1945 年，时速 313 英里的柯蒂斯

SC "海鹰"（Seahawk）也开始列装部队，并与"翠鸟"一同服役。

航母航空兵大队

在行政方面，太平洋战区的所有航母和舰载机均受"太平洋舰队航空部队"管辖。航母上的航空队被称为"航母航空兵大队"（Carrier Air Group）。1941年，每个航母航空兵大队都固定隶属于其所在航母，并以该舰的名字来命名——例如"'企业'号航母航空兵大队"。1942年，航母航空兵大队开始采用与航母舷号相同的编号，如"企业"号上的航母航空兵大队就改名为"第6航母航空兵大队"（CVG-6）。但这种编号方式没有使用多久，后来美军航母上的航母航空兵大队不仅可相互调换，还与航母没有固定的隶属关系。从1944年6月起，大型航母上的航母航空兵大队简称为"CVG"，指挥官为海军中校；轻型航母上的航母航空兵大队简称为"CVLG"，指挥官为海军少校。

中队

每个航母航空兵大队由战斗机中队、俯冲轰炸机中队、侦察轰炸机中队、鱼雷机中队等多个中队组成（后来还设立了战斗轰炸机中队）。中队是最小的固定编制航空单位，其指挥官通常由少校担任。1个中队至少包括2个分队（Division），而后者也被称为"中队的最佳战术配置方式"。每个分队一般配有4—6架飞机，并细分为2—3个小队（Section），即"编队的最基本单位"。每个小队通常配有2架战斗机或3架轰炸机，小队指挥官不一定是小队中军衔最高的飞行员，但必须是经验最丰富的飞行员。

1941年，1个美军标准航母航空兵大队通常有72架或73架飞机，其中包括1个战斗机中队（共18架战斗机）、1个俯冲轰炸机中队（共18架俯冲轰炸机）、1个侦察轰炸机中队（共18架侦察轰炸机）和1个鱼雷机中队（共18架鱼雷机）。俯冲轰炸机和侦察轰炸机中队的飞行员经常训练对方的"业务科目"，而且基本能够互换职责。航母航空兵大队的指挥官通常配有1架轰炸机，他会驾驶该机执行任务。不过，有些指挥官曾是战斗机飞行员，接触轰炸机的时间不长。

由于战场形势的变化，战时，美军航母航空兵大队的规模和组成的变化也很大。随着折叠翼飞机广泛列装部队，美军航母航空兵大队的规模也越来越大，其中战斗机的数量更是增长显著。1943年，每艘"埃塞克斯"级航母上的航母航空兵大队有 90 架飞机,其中包括 36 架"地狱猫"战斗机、36 架"无畏"或"地狱俯冲者"俯冲轰炸机和 18 架"复仇者"鱼雷机。1943 年 11 月,随着装备雷达的"复仇者"鱼雷机接过侦察任务,侦察轰炸机中队被取消编制。到 1944 年 11 月,每个航母航空兵大队的飞机总数已增至 96 架,其中包括 54 架"地狱猫"、24 架"地狱俯冲者"和 18 架"复仇者"。此外,"地狱猫"还被"发展"为能投掷 500 磅重的炸弹的战斗轰炸机,而且所有轰炸机飞行员都拥有战斗机驾驶资格。

1945 年年初,每个航母航空兵大队的飞机总数上升到 103 架,其中包括 73 架战斗机("地狱猫"和"海盗"战斗机)、15 架"地狱俯冲者"俯冲轰炸机和 15 架"复仇者"鱼雷机。1945 年 1 月,"埃塞克斯"号和"黄蜂"号更是尝试了"91 架战

1943 年 11 月—12 月,即吉尔伯特群岛行动期间,保罗·布伊(Paul Buie)海军少校在"列克星敦"号上向"战斗 16"中队(海军第 16 战斗机中队)的飞行员做任务简报。战斗机中队要想取得胜利,其成员就必须保持高度自律,且无私地进行团队合作——这一点至关重要。美国海军对战斗机团队合作的重视程度远远超过日本海军。(美国海军历史资料网供图)

机加 15 架鱼雷机的配置方案"。同月，拥有 73 架战斗机和 110 名飞行员的战斗机中队，由于配置臃肿而被拆分为 1 个战斗机中队和 1 个战斗轰炸机中队，每个中队各有三十多架飞机。举一个战争后期的例子，1945 年 6 月，"埃塞克斯"级航母"本宁顿"号（CV-20）报告本舰上有 103 架飞机，其中 51 架停放于机库内（36 架"海盗"和 15 架"地狱俯冲者"），52 架停放于甲板上。次月，美军颁布了新航母航空兵大队编制。规定每个大队应有 101 架飞机，即 32 架战斗机（含 24 架昼间战斗机、4 架照相侦察战斗机和 4 架夜间战斗机）、24 架战斗轰炸机、24 架"地狱俯冲者"俯冲轰炸机和 20 架"复仇者"鱼雷机（此时大多数鱼雷机已被充当"轰炸机"使用），以及大队指挥官自己的座驾（一般是战斗机）。

最初，每艘"独立"级轻型航母可搭载 47 架飞机，但到 1944 年年初，其航母航空兵大队的飞机数量被削减为 33 架，即 24 架"地狱猫"和 9 架"复仇者"。在整个战争期间，不断有人建议将"独立"级航母改为"全战斗机航母"，但这些提议都被欧内斯特·金海军上将驳回了。直到 1945 年 7 月，只配备了战斗机的轻型航母航空兵大队编制才获得通过——每个大队均拥有 36 架 F4U"海盗"战斗机，并计划在未来用 48 架 F8F"熊猫"（Bearcat）战斗机来取代前者。不过，上述编制和"熊猫"战斗机都未在战争结束前投入使用。

航母和陆上地勤人员

在快速航母上，各航母航空兵大队的战机均由航母地勤分队（Carrier Air Service Division）负责维护。每个航母地勤分队都有 500 多人，包括 17 名军官和 516 名士兵。和航母航空兵大队不同，航母地勤分队永久隶属于其所在的航母。而在地面机场，此类保障单位则被称为"航母地勤队"（Carrier Air Service Unit）。1944 年 1 月，各战区前沿的航母地勤队改名为"前方战机地勤队"[Combat Aircraft Service Units（Forward）]。前方战机地勤队一般会暂时驻扎在代号为"橡果"的海军标准化预制航空基地内。每个基地拥有 42 名军官和 770 名士兵。基地的建造工作由绰号"海蜂"（Seabee）的海军建筑营（Naval Construction Battalion，每个营有 1115 人，包括 33 名军官和 1082 名士兵）负责。美军在快速航母的主要作战区域——中太平洋地区——组建了 19 个前方战机地勤队，并建造了 17 座"橡果"基地。

1941年,美国参战前"企业"号。值得注意的是,战前美军航母飞行甲板上的颜色都颇为鲜艳。例如身穿红色上衣的是加油人员,身穿绿色上衣的是弹射器和阻拦索操作人员,身穿蓝色上衣的是甲板推机手,身穿黄色上衣的是飞机滑行信号员。1943—1945年间,地勤人员还采用了蓝底配白色"H"字(机库推机手)、白衣加红帽(军械员)和白底加红色十字(医疗人员)等样式的服装。至于紧急空勤人员撤离小组(Emergency Aircrew Extraction Team)组员,则身穿白色石棉防火服。[盖帝图像有限公司(Getty Images)供图]

1944年4月,在"列克星敦"号航母拥挤的飞行甲板上,大量F6F-3"地狱猫"战斗机和SBD-5"无畏"俯冲轰炸机正准备飞往新几内亚(New Guinea)执行轰炸任务。一名飞机滑行信号员正在指挥飞机调动,而身穿蓝衣的地勤人员正在撤去轮挡。每个甲板作业人员都必须牢记:起落架的宽度与螺旋桨的宽度相同。为避免被螺旋桨击中,他们必须待在起落架外侧。(美国海军历史资料网供图)

1943年，美国海军"约克城"号航母的机库。从这张照片中可以看到，有一些不当班的地勤人员正在观看电影（照片上方），有一些地勤人员正在F6F-3"地狱猫"战斗机旁忙碌（照片下方）。美国海军航母舰载机采用了星型发动机，每台发动机平均拥有14000个零件。战机每执行500—600个飞行小时的任务，地勤人员就要彻底拆卸和重新组装一次发动机，甚至更换发动机。（美国海军历史资料网供图）

飞行员

　　1942—1945年间，美国海军共培养飞行员61658名，其中绝大部分是毕业于海军院校的下级军官，而无线电员和机枪手则大部分是来自航空部队的士兵。1944年，美军飞行员需接受长达16个月的培训（最后9—10个月是飞行培训）。新飞行员需在辅助训练航母"貂熊"（USS Sable）号、"狼獾"（USS Wolverine）号或"军马"（USS Charger）号上获得上舰资质后，才能加入各中队。1944年夏，各新编航母航空大队通常会在圣迭戈或夏威夷取得集体资质，并在当地的护航航母、"突击者"号航母或正规快速航母上完成练习。随后，这些航母航空大队将开赴前方航空基地，加入相应的一线航母。1945年2月，在首次执行战斗任务前，美国航母航空大队里的飞行员的平均飞行时间可达525小时。相比之下，在1944年12月之前，日本海军飞行员首次执行战斗任务前的平均飞行时间仅为275小时（到1945年7月更是下降为100小时）。

1944年年初，为确保战斗轮换或回国轮换正常进行，尼米兹上将指示为每艘现役航母配备1.67个航母航空兵大队。1944年，美国海军最初计划培训20000名飞行员。然而，由于盲目自信，美国海军在1944年6月4日将培训飞行员的数量骤然削减到6000人。到了1944年下半年，随着菲律宾战役打响，各部队陷入苦战，飞行员也疲于奔命——一场危机猝然爆发。由于高强度出动，每个航母航空兵大队的服役轮换时间从原先的6—9个月缩短为6个月，有时甚至只有4个月。1944年12月，面对始料未及的飞行员人数不足的问题，美国海军被迫将10个海军陆战队战斗机中队（每个中队拥有18架"海盗"战斗机）调往快速航空母舰。直到每年接受培训的飞行员的人数达到8000人之后，上述情况才有所改善，而航母航空兵大队与航母的比例也从1.67∶1上升到了2∶1。

作战与战术

理论：战前发展，1922—1941 年

美国海军的第一艘航空母舰是"兰利"（USS Langley）号（CV-1），该舰是美国海军基于试验目的，用"木星"（USS Jupiter）号运煤船改装而成的。该舰的最高航速为 15.5 节，排水量为 12700 吨，于 1922 年 3 月 20 日作为航母加入海军。战前，美军航母舰队一般以矩形队形巡航，以便在需要时迅速转为单纵阵。但早在 1923 年，当时还是海军中校的切斯特·尼米兹便坚持尝试采用环形阵，并将"兰利"号编入其中。由于当时雷达尚未被发明出来，各舰在白天保持阵型就已颇为吃力了，到夜间更是无计可施。但事实证明，环形阵非常适合机动，并能够帮助各舰相互提供防空和反潜掩护。1926 年，尼米兹被调往参谋岗位，随后环形阵几乎被人遗忘，直到 1941 年才再次被人提起。

航空母舰的"运转效率"，取决于飞机起降的速度。"兰利"号的载机数量一度只有 6 架，但其舰长约瑟夫·里夫斯（Joseph Reeves）上校做事井井有条，通过其努力，"兰利"号的载机数量最终上升到 42 架。里夫斯的创举包括设置甲板停机区域和阻拦网。此外，他还受美式足球启发，让各类专业甲板作业人员穿上不同颜色的"队衣"。在 1929 年的舰队演习（Fleet Problem）中，由战列巡洋舰改装而成的航母"萨拉托加"号采用了里夫斯的作战方法，最终它凭借 34 节的航速，将航速为 23 节的战列舰抛在后方，并在黎明时分出动 83 架战机，成功袭击了"敌方"占据的巴拿马运河。虽然"萨拉托加"号后来被判"沉没"，但运用大型快速航母发动大规模协调打击的理念已在美国海军扎下了根，并将在 20 世纪 30 年代的舰队演习中不断获得改进。

尽管战后有种种误传，但早在珍珠港事件发生之前，美国海军就已经普遍认识到航母具有的特殊价值。事实上，在两次世界大战之间，只有一个问题存在争议，即航母应在舰队中扮演何种角色。有些海军军官"出身于战列舰"，他们认为，战列舰才是决定性因素，航母需用于索敌，以便战列舰舰队投入战斗。他们还认为，航母可提供空中支援和观察校射，以支援战列舰参战，并阻止敌军的轰炸和校射飞机。相反，航空兵出身的军官将航母视为进攻性武器，认为它们快速而强大，可以脱离战列舰单独行动——而且兵棋推演显示，将航母与战列舰"捆绑"会导

致其异常脆弱。20世纪30年代末,所有人都同意,航母的首要战术任务是立即摧毁对方舰队的航母,从而在战斗中获得制空权,并使敌人"失明"。

在整个20世纪30年代,航母上的舰载机都很难摧毁战列舰。这些舰载机大多是双翼机,无法携带重型穿甲弹。但是,它们仍可以对航母构成威胁——航母的甲板缺乏装甲防护,十分脆弱,甚至可能被轻型炸弹破坏(航母会因此而瘫痪)。舰队演习表明,两军航母难免相互交锋,而且谁先被发现,谁就更有可能先被摧毁。在1930年的舰队演习之后,海军少将亨利·巴特勒(Henry Butler)曾表示:"航母(作战)就像两个蒙着眼睛、拿着匕首的人在擂台上格斗,一人死亡或两人同归于尽将是一瞬间的事。"因此,美国海军为每个舰载机航空兵大队(航母航空兵大队)都配备了整个侦察机中队。另外,因为协调攻击会浪费宝贵的时间,所以美军甚至在1941年为执行侦察任务的"无畏"轰炸机配备了1枚500磅重的炸弹,以便它在发现敌方航母后可以直接发起进攻。

在1940年,即特混舰队尚未组建时,欧内斯特·金海军少将领导的海军总委员会(General Board)在报告中将舰队分为两部分:"战斗部队"(Battle Force,由战列舰、轻巡洋舰和驱逐舰组成)和"侦察部队"(Scouting Force,由巡洋舰和驱逐舰组成)。虽然航母在编制和战术方面是相对独立的,但其仍然要接受舰队司令指挥。

战时发展,1942—1943年

1942年6月的中途岛海战后,快速航母一跃成为美军舰队的头号主力。美军还从1942年的航母作战中汲取了一个重要教训,即其现有战斗机引导技术存在缺陷。随着战术、武器和技术的进步,美军的防空火力不断增强:快速航母的护航舰艇的数量增加了不少,而且这些护航舰艇还配备了更多的高射炮。1942年8月,美军开始用快速战列舰来为快速航母提供防空保护。这些战列舰拥有强大的火力,其中"北卡罗莱纳"号更是被证明是一种"独特存在"——"该舰不仅在抵御攻击机时表现出毋庸置疑的火力",还"天生拥有对抗水面威胁的强大力量"。

在战争期间,关于美军航母战术的争论主要在于航母是否应集中行动。集中行动的优点是可以协调空中打击和集中防御火力,但缺点是容易让多艘航母被一网打尽。在整个1942年,美军航母一直被分散部署——虽然此举遭到了很多人反对，但美国海军依旧坚持如此：首要原因是害怕集中部署会让航母暴露行踪（一旦被敌人发现，其结局将与被击沉无异）。另外，20 世纪 30 年代的兵棋推演还让美国海军错误地认为，哪怕航母只是单舰行动，其每一波空袭也足以消灭两艘敌方航母。但在 1943 年夏季，随着大量"埃塞克斯"级和"独立"级新式航母抵达夏威夷，美军也获得了新的试验机会。美军根据一系列因素（如战斗分析结果、先进新式雷达和无线电技术、改良的战斗机引导技术、更强大的防空火力、5 英寸 38 倍径火炮的近炸引信，以及在瓦胡岛附近开展的作战效率提高试验）进行综合考量之后，决定组建多个特混大队。此举不仅有助于集中防御力量（如对空火力和战斗机巡逻），还可以集中和协调打击力量。

1943 年 4 月 13 日，尼米兹上将下令修订《航母特混舰队标准巡航指令》（*Standard Cruising Instructions for Carrier Task Forces*）。奉命从事这项工作的军官们超额完成任务，结合战时经验编写了一本完全标准化的全舰队战术手册——《太平洋舰队战术命令和条令》（*Pacific Fleet Tactical Orders and Doctrine*，文件编号 PAC-10，于 1943 年 6 月 10 日发布）。次年，美军又修订了《美国舰队现行战术指令和条令》（*Current Tactical Orders and Doctrine, United States Fleet*，文件编号 USF-10A）的内容。新指导方针对战术做了统一规定，还鼓励把分散的单位尽快集中起来，组成有凝聚力的编队，以求实现随机应变——这将"赋予作战极大的灵活性"。在《太平洋舰队战术命令和条令》指导下，美军建立了"战术上集中"的多个特混大队，太平洋舰队航空部队也制定了相应的进攻条令和战术指令。1943 年 8 月 21 日，太平洋舰队航空部队发布了新的快速航母条令，该条令指出"航母是舰队的主要攻击力量，负责打击海上和陆上之敌"。此外，该条令还指出"航母还应为两栖登陆提供直接的空中支援，并为非航母特混舰队提供空中支援"。

从实践到完善，1943—1944 年

为检验上述新战术和武器，美军发动了一系列航母奇袭作战。这些行动的特点是风险低，并采用了"一击脱离"模式。第一次行动是于 1943 年 8 月 31 日发起的，参与行动的部队是第 15 特混舰队——该特混舰队编成内有"埃塞克斯"号、"约克城"号和"独立"号航母，"印第安纳"号战列舰，以及 2 艘

轻巡洋舰和10艘驱逐舰。这次行动的指挥官是绰号为"秃头"的波纳尔海军少将。美军在这次行动中"实现了多个第一",包括首次投入"地狱猫"舰载战斗机,首次使用潜艇搜救落水飞行员,以及首次重新采用同心圆队形。次日,在第11特混舰队威利斯·李(Willis Lee)少将的指挥下,亚瑟·拉德福德(Arthur Radford)少将率领"普林斯顿"号和"贝劳伍德"号为占领贝克岛(Baker Island)的部队提供了空中掩护。在此期间,第11特混舰队还成功完成了一项测试:用驱逐舰引导战斗机。几周后,1943年9月18日,由"列克星敦"号、"普林斯顿"号、"贝劳伍德"号,以及3艘轻巡洋舰和10艘驱逐舰组成的第15特混舰队在波纳尔少将的指挥下成功袭击了塔拉瓦岛(Tarawa)。10月5日—6日,在阿尔弗雷德·蒙哥马利(Alfred Montgomery)少将的指挥下,第14特

1943年8月31日,吉米·弗拉特利少校的F6F-3"地狱猫"战斗机准备从"约克城"号上起飞。美军快速航母特混舰队对马库斯岛的打击行动有"练习"性质,这也是一系列类似行动的开端,并最终促成了11月的"电流"行动。弗拉特利及其好友"吉米"萨奇少校是战争中快速航母上当之无愧的"首席空中战术家",他们后来分别成为第58特混舰队和第38特混舰队的空中行动主管(Air Operations Officer)。照片中可以清楚看到"约克城"号航母舰载机机尾独有的白色斜线识别条,但由于光漂白效果的影响,飞机上的三色迷彩 [1943年2月—1944年3月采用,顶部为低可见度海蓝色,侧面为中蓝色(Intermediate Blue),底面为白色] 已经失真。(维基媒体供图)

混舰队①的 6 艘航母上的舰载机空袭了威克岛（Wake Island）。在这次行动中，美军曾尝试过多种编队方式，分别将 6 艘航母编为 1 个、2 个和 3 个特混大队，结果每种配置方案都完全可行。在战斗中，新型"地狱猫"战斗机成功压制了守军的 30 架零式战斗机，另外，美军还轻松击退了日军的一次小规模报复性空袭。随后，蒙哥马利的巡洋舰炮击了环礁。空袭威克岛也是美军的最后一次"演练"——其策划者赫伯特·达克沃斯（Herbert Duckworth）海军上校宣称："我们后来成功运用多航母部队的所有方法都能追溯到此次行动。"

快速航母特混舰队的首次重大行动发生在 1943 年 11 月，即登陆吉尔伯特群岛的"电流"行动（Operation Galvanic）期间。之前，美军从未尝试过如此庞大和复杂的远海两栖作战。在行动中，斯普鲁恩斯将麾下 11 艘快速航母分别部署在进攻区域的多个静态防区中——这让航母军官们颇为不满，并认为这是一个重大战术失误。航空部队也认为："要想打赢新式战争，快速航母就必须发起迅猛打击。但航母在面对空袭和潜艇时尤其脆弱，这导致航母不能像战列舰一样被动等待敌舰队出动。"换言之，对于快速航母来说，"进攻才是最好的防御"。在"电流"行动之后，斯普鲁恩斯开始让快速战列舰固定跟随快速航母行动。同时，快速航母特混舰队也开始转变作战风格，致力于先发制人，迅速对敌人实施打击。1944 年年初，马克·米切尔被任命为快速航母特混舰队司令，这位指挥官富有进取精神，"是这一岗位的不二人选"。在他就任时，这支快速航母特混舰队（此时已改名为"第 58 特混舰队"）已发展为一支高度融合的诸兵种合成力量（由配备了现代化雷达的快速航母、快速战列舰、巡洋舰、驱逐舰、战斗机和轰炸机组成），是"水面舰艇无法接近且具有强大防空能力的，能于其所在的半径数百英里的海域内任意发动攻击的终极制海工具"。

战略和后勤

"电流"行动也是"橙色"战争计划的第一步。"橙色"战争计划是美军于 1906 年提出的，之后美国海军一直在研究该计划，并将其视为击败日本的终极

---

① 译者注：原文是"第 15 特混舰队"，疑为作者笔误。

方案。该计划假定美国会在开战之初失去西太平洋的控制权,随后,美国海军将派遣一支由军舰、飞机和地面部队组成的海陆两栖联合部队(即"大蓝舰队")从夏威夷出发,向西穿过中太平洋,一举摧毁日本交通线,并夺回菲律宾,最后在日本海域与日军强行决战,取得彻底胜利。在20世纪20年代之后,航母一直在"橙色"战争计划中占有重要地位。

兵棋推演显示,因为美军难以在西太平洋建立完备的海军基地,所以其舰队将缺乏支援——这会导致"橙色"战争计划失败。直到20世纪30年代模块化"移动基地"的概念取得突破,上述问题才得到解决。这一突破使美军舰队可以"携带"

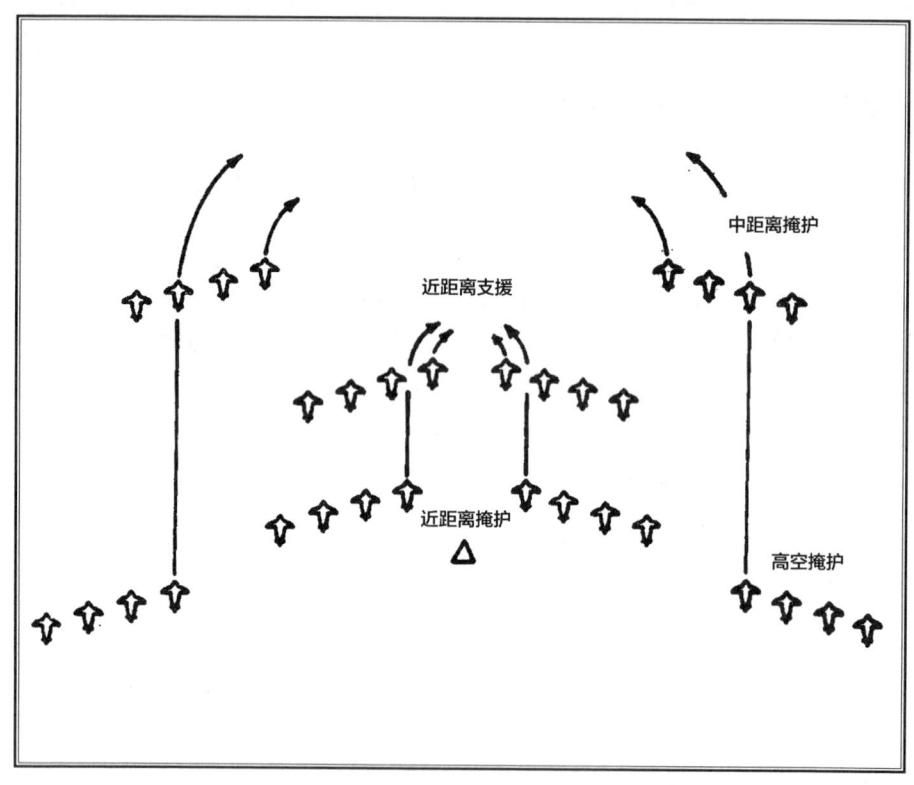

这张战术示意图展示了32架战斗机保护攻击机群的方法:8架战斗机在轰炸机编队附近提供近距离支援;8架战斗机在轰炸机编队后上方(例如15000英尺的高度)提供近距离掩护;8架战斗机在轰炸机编队两侧高处(如20000英尺的高度)提供中距离掩护;8架战斗机在轰炸机编队后方两侧更高处(如25000英尺的高度)提供高空掩护。如果高空掩护战斗机下降投入战斗,美军应至少在高空保留1个分队,以防更多敌方攻击者出现。[出自《美国舰队现行战术指令和条令》(文件编号USF-74B)]

基地同行（这在1943—1945年的中太平洋战役中发挥了关键作用）。通过夺取马绍尔群岛、加罗林群岛和马里亚纳群岛，美国海军判断己方将获得足够建造"大约20座机场、15个水上飞机基地、8个潜艇基地和10个舰队锚地"的场地。如果没有便携式前方作战基地和高度发达的配套后勤系统，快速航母将无法发挥其出色的战略机动性、韧性和打击能力，无法控制作战节奏。

1943年12月，尼米兹将军制定了"花岗岩"计划（"Granite" Plan），并对"橙色"战争计划进行了一些修改。根据尼米兹制定的计划，斯普鲁恩斯将率领第5舰队"对日本持续施压"，并争取"早日歼灭日本舰队"。在此期间，快速航母特混舰队将单独行动——负责打击周边岛屿上的日军航空基地，并掩护"迟缓和脆弱"的两栖舰队（由运输船、护航航母和老式战列舰组成），让后者免遭敌方攻击。在快速航母战斗群保护登陆部队免遭日本联合舰队攻击的同时，快速战列舰可以单独行动，以便"在登陆前加强炮击力量"。《太平洋舰队战术命令和条令》规定，在遭遇威胁，需要进行水面作战时，这些快速战列舰还可以与联合远征部队（Joint Expeditionary Force）的慢速战列舰组成战列线。在战役层面，美军的主要目标是在自身期望的理想条件下，引诱日本联合舰队投入决战。尼米兹在"花岗岩"计划中写道："（这会导致）一次大型舰队对决——虽然这种对决可能短暂推迟两栖作战行动，但随后会大大加快两栖作战步伐。"此外，《太平洋舰队战术命令和条令》没有规定快速航母特混舰队在两栖攻击行动中的绝对优先事项。因此，快速航母特混舰队是应该积极追击敌军，还是应该摧毁逼近的日军舰队，还是应该在登陆区域实施静态防御？这一问题在1944年始终困扰着斯普鲁恩斯和哈尔西。

1944年1月，快速航母特混舰队最后一次离开珍珠港，前去参与"燧发枪"行动（Operation "Flintlock"），并对马绍尔群岛发动进攻。虽然此类登陆行动经常给登陆部队造成巨大损失，但1944年时，第5舰队已经有能力彻底压制孤立的岛屿前哨了——这意味着其几乎不可能在战役层面遭遇失败。两栖部队登陆成功后，美军将在岸上修建或修复简易机场，并驻扎守军和航空部队。随后，美国海军和两栖部队将从这些新前方基地主动出击，在中太平洋地区逐步消灭或孤立岛屿上的日本守军。随着美军不断推进，快速航母特混舰队的原锚地将逐渐远离前线。此时，美军将建立一个新的前方锚地，并放弃后方基地，如此循环往复。

乌利希环礁位于加罗林群岛，是世界第4大潟湖。本照片拍摄于1944年年末，我们可以从这张照片中看到在当地停泊的哈尔西第3舰队。当地锚地水深80—100英尺，可同时停泊700艘舰船。1944年10月—1945年5月，这座鲜为人知的环礁是世界上最大的海军基地。[美国国家档案馆（NARA）供图，图片来自"阿斯托利亚"号巡洋舰保护协会（Mighty90）]

　　前方锚地需要依托潟湖或海湾建立，而且需要面积足够大、水足够深，能够满足舰队的停泊需求。这些锚地通常建立在某个几乎荒无人烟的珊瑚环礁中。"海蜂"部队将在岸上修建飞机跑道和人员休整设施。前方基地的补给工作由专门的勤务舰船中队负责，这些中队统一隶属于威廉·卡尔霍恩（William Calhoun）海军中将的太平洋舰队勤务部队（Service Force Pacific Fleet），其中大部分后勤舰船都由第8勤务中队（Service Squadron 8，简称ServRon-8）从珍珠港派出。1943年3月，该中队共有44艘舰船。1944年3月，该中队已拥有了430艘舰船（其中321艘舰船专门为第5舰队服务）。第8勤务中队下辖舰队油轮、弹药船、补给船、小型货船、医疗运输船、运油船、各种小艇、运水驳船、垃圾驳船和小型平底驳船等舰船，但其中队指挥官的军衔只是海军准将。在1943年11月的"电流"行动中，第4勤务中队（ServRon-4）负责为快速航母提供补给，不过该中队很快就被第10勤务中队（ServRon-10，又名"机动勤务基地"）接替，后者是专门为快速航母特混舰队建立的，其各种类型的补给船只均来自位于珍珠港的第8勤务中队。第10勤务中队是"航母的后勤对口支援单位"，曾经被尼米兹称为"公开的秘密武器"。

1945年5月11日，美国海军"南达科他"号战列舰（BB-57）正在位于关岛的ABSD-6号浮动干船坞中接受维修。在中太平洋地区，让战斗舰队保持运转是一项艰巨的任务。为此，美军构建了一个机动前方基地体系。基地设施包括多座大型干船坞，每座干船坞都可以在距本土数千英里远的地方为主力舰提供日常维护和一般维修——这令日本防御战略的规划者们始料未及。值得一提的是，美军主力舰仍需要在本土完成大修。（美国海军历史资料网供图）

1944年1月31日，美军夺取了吉尔伯特群岛的马朱罗环礁。4天后，第58特混舰队开始停靠当地，以便接受补给。第10勤务中队的专用舰船包括多艘巨型浮船坞，它们可以容纳1艘航母或战列舰。这样一来，美军舰船就可以就地接受维修，只有需要大修的船只才会被送往夏威夷或美国本土。1944年6月，随着快速航母不再以马朱罗环礁为主锚地，第10勤务中队也从当地启程，前往马绍尔群岛的埃尼威托克环礁（Eniwetok）。1944年9月24日，美军占领了加罗林群岛的乌利希环礁（Ulithi）。10月1日，乌利希环礁取代了埃尼威托克环礁，成为第58特混舰队的新锚地。10月中旬，由40艘舰艇组成的第10勤务中队航行1400海里抵达乌利希环礁。在这支舰队中有6—8艘老旧油轮，它们将组成1个能容纳40万桶燃料的浮动油库（tank farm）。在当地，美军还于1945年1月建成了1座航空基地和1个舰队人员休整区域。航空基地内的设备齐全，且拥有长达3500英尺的跑道，而人员休整区域每天可容纳1000名军官和8000名水兵。乌利希环礁的月均货物吞吐量为32000吨。1945年6月1日，菲律宾莱特湾的萨马岛（Samar）取代了乌利希环礁，成为快速航母的新锚地。次月，美军又在冲绳的巴克纳湾（Buckner Bay）建立了另一个基地。在美军舰队从马朱罗环礁迁往巴克纳湾期间，这些前方基地与珍珠港的距离也从1975海里增加到了4430海里。

快速航母特混舰队之所以拥有战略机动性和很快的作战节奏，主要得益于美国海军重视海上补给，并能娴熟开展相关作业。在二战期间，只有美国海军能安心享受海上加油的便利——这在战役层面赋了其显著优势。1917年，美国海军发明了海上加油方法，并于1939年开始持续演练横向海上补给。最初，油轮需要主动靠近受油船只，但在1943年11月，杜鲁门·赫丁（Truman Hedding）海军上校决定改变方法："我们都知道如何编队。既然如此，我们就应该让油轮保持原位，然后让军舰相继靠近油轮，然后从侧面把油管接上。"航母加油时一般会从油轮左舷靠近，这样两艘船上的士兵都可以看清对方舰桥上的情况。1艘油轮可同时为1艘大型舰艇和1艘护航舰船加油——其中航母和战列舰的加油速度为每小时6000桶，巡洋舰的加油速度为每小时4000桶，驱逐舰的加油速度为每小时2000桶。由于驱逐舰每3—4天就需要补充一次燃料，因此有时航母或战列舰可能会"代替油轮为其加油"，尤其是在战区。

1944年10月，美军成立了"海上后勤大队"（At Sea Logistics Service

Group），即第30.8特混大队，以便专门为第38特混舰队提供海上补给。该大队拥有34艘油船、14艘弹药船、11艘护航航母、19艘驱逐舰、26艘护航驱逐舰和10艘舰队拖船，其指挥官为1名海军上校。该大队下辖10—12个补给特混分队，每个分队拥有3艘油船。4个这样的补给特混分队可组成1个补给特遣群（Task Group）。

1944年的莱特岛登陆表明，3—4天高强度对地空袭就会让航母耗尽航空弹药。为此，美军在1944年12月5日成立了第6勤务中队（Service Squadron 6），以便"在战区内部和周边为舰队提供直接后勤支援，保持舰队的机动性和打击能力"。该中队不仅要负责提供燃料、食品、弹药、飞机、服装和常用物资，还要负责补充飞行员和其他人员。因为第6勤务中队需要在作战区域内执行任务，所以其下辖的舰船的速度都较快，可以随舰队一起行动。此外，该中队还配属有护航航母、驱逐舰和护航驱逐舰。

本照片拍摄于1945年7月8日，美国海军油船"卡哈巴"（USS Cahaba）号（AO-82）正同时为"香格里拉"号（CV-38）航母和"衣阿华"号（BB-61）战列舰加油。在战争的最后几个月里，如果海况良好，快速航母还能趁机补充弹药（每小时35—50吨）。这张照片展现了快速航母特混舰队的补给效率。当时，美国海军在航行补给效率方面位居世界第一，而这正是快速航母特混舰队能长期保持快节奏作战的关键因素。（美国海军历史资料网供图）

1945年2月，第6勤务中队在埃尼威托克和乌利希环礁集结，并改名为"第5舰队后勤支援大队"（Logistic Support Group Fifth Fleet，即第50.8特混大队）。1945年3月13日，在唐纳德·比瑞（Donald Beary）少将的带领下，该大队从乌利希出发，麾下舰船包括"奥马哈"级（Omaha-Class）轻巡洋舰底特律（USS Detroit）号、16艘油船、4艘弹药船、4艘舰队拖船、2艘飞机运输船、2艘护航航母、12艘驱逐舰和7艘护航驱逐舰。1945年3月27日至5月17日，整个大队一共输送和消耗了870万桶重油（相当于90艘油轮的供油量）、25.9万桶柴油和2150万加仑航空汽油——超过了1944年日本石油的总运入量（或产量）。在1945年4月的其中3周，第58特混舰队每天消耗16.7万桶重油和38.5万加仑航空汽油（值得一提的是，"埃塞克斯"级和"独立"级航母分别可容纳24.2万加仑和12.2万加仑航空汽油），相当于30艘油轮的供油量。

1945年2月，美军航母开始打击日本本土。通常情况下，第38特混舰队将发起1—2天空袭，然后连夜撤退，以便在黎明时分与补给船队会合。补给船队拥有3—4艘油船、3—4艘弹药船和补给船，所有船只均以10节的速度列队行驶，彼此间隔1500—2000码，以便等待第38特混舰队靠近获得补给。补给作业时，100余艘战舰会在海面上排成一排，连续经过油船、弹药船和补给船。如果空袭持续2天的时间，上述舰船需要2个夜晚和1个白天才能完成补给，使攻击得以继续。如果快速航母特混舰队返回最近的基地，整个补给将持续10—12天时间。未参战的油轮将把剩余燃料集中起来，让空船返回乌利希环礁或莱特湾，以便从来自加利福尼亚的商用油轮上补充燃油。这种水上后勤支援系统"解放"了美国海军特混舰队，使其无需再依赖固定式岸上设施。

飞行作业
人员和规程
每艘航母由1名舰长指挥，各部门（航海部门、航空部门、枪炮部门、修建部门、工程部门、补给部门和医疗部门等）直接对副舰长["执行官"（Executive Officer）]负责，其中飞行作业由航空部门负责，并由航空部门长（Air Officer）领导。舰长、副舰长、航海长和航空部门长都是航空兵出身。航空部门长负责管理空中作战情报（Air Combat Intelligence）主管、军械主管、飞行甲板主管、机库甲板主管、着舰信号主管、工程主管、弹射器主管、起落架主管、燃油主管、航拍主管,以及包括航母航空兵大队指挥官在内的相关人员。航母航空兵大队指挥官需协助航空部门长规划和实施行动。1944年年底的数据显示,除航母航空兵大队的官兵外,每艘"埃塞克斯"级航母还拥有958名航空相关人员(包括44名军官和914名士兵)。

在执行飞行作业时,航母需改变航向,高速逆风行驶:例如,如果军舰航速为20节,风速为10节,此时飞机可在起飞时获得30节的相对速度,从而大幅缩短滑行距离。飞机降落时,情况也同样如此。在起飞或回收巡逻飞机时,航母可以单独转向迎风面。但当整个特混大队进行飞行作业(例如发动攻击)时,所有舰船将全部进行逆风机动。飞行作业开始前,负责救助落水飞行员的驱逐舰(每日轮换)将在指定航母后方1000码处就位,以便营救起降事故中的幸存者。

1945年,"伦道夫"号(CV-15)航母上,1名水兵正在"通灵板"(Ouija Board)上摆放飞机模型,以规划飞机停放位置。照片中近处的木板代表"伦道夫"号的飞行甲板,远处的木板则代表航母的机库甲板。得益于精心规划,美国航母的载机量往往比其他国家航母的载机量大。(美国海军历史资料网供图)

美国航母采用了木质飞行甲板，其特点是重量轻、易于维修。这种设计不仅有助于增加载机量，还能使单层机库可安装尺寸更大、速度更快的升降机，从而加快起飞作业。为进一步增加载机量，美国海军还在甲板上停放飞机，并将机库视为额外的停机空间和维修区域。甲板上的飞机的排列顺序可以让它们尽快起飞，从而减少打击机群盘旋编队时的燃油消耗。

美国航母的飞行甲板分为多个作业区域（Control Section）。"一号飞行区"（Fly One）位于舰首，是弹射器所在的位置，主要负责起飞作业，由飞行甲板主管和弹射器主管负责。"二号飞行区"位于舯部，由滑行信号主管负责。"三号飞行区"位于舰尾，是着舰区，由着舰信号主管（Landing Signals Officer）和阻拦索主管负责。航母飞行甲板和机库工作人员的绰号是"万能犬"（Airedale）[①]，他们会根据岗位的不同身穿不同颜色的制服。飞机机械员（Plane Captain）身穿棕色上衣，他们被称为"骑士的侍从"。飞机升降机、弹射器和阻拦索由身穿绿色上衣的人员（液压设备操作人员）负责操作。推机手（Plane Pusher）身着蓝色上衣，在身穿黄色上衣的飞机滑行信号员（Plane Director，通常由士官担任，是飞行甲板上的"交通指挥员"）指挥下工作。飞行甲板周围有各种加油点，舰桥旁边有炸弹和鱼雷升降机——这些加油和装弹设备全部由身穿红色上衣的人员操作。

航母每准备一轮攻击需要30—60分钟的时间。由于采用了开放式机库设计，"企业"级和"埃塞克斯"级航母上的舰载机可以在机库内完成发动机预热（一般需要15—20分钟）。升降机一次可将2架飞机送上飞行甲板，整个操作流程耗时45秒：升降机抬升耗时13秒，升降机降下耗时12秒，将飞机搬上升降机和搬下升降机各耗时10秒。随后，飞机将由身穿蓝上衣的推机手送往相应位置。

1941年，根据战前条令，航母航空兵大队的全部73架飞机都停放在甲板上（为延长滑跑距离，其停放位置应尽可能靠后）：重量轻、起飞距离短的战斗机，总是停放在最前面；较重的俯冲轰炸机，停放在战斗机后面；最后面是鱼雷机。为完成"全甲板出击"，所有飞机应一气呵成地完成作业，并尽量把作业时间控制在20分钟以内。1942年，变得越来越重的舰载机需要的滑行距离不断增加，航母的甲板空间已无法支

---

① 译者注：原文为"Airdale"，有误，故改正。

持全部舰载机一次性起飞。1944 年 5 月,米切尔在特混舰队特别指令 FasCar TFI-1 中强调:"应以有序和持续的方式……协调多个攻击群,最大限度提升打击机群的飞机数量。因此,最好的办法是把航母航空兵大队大致分成'两半',每次起飞 1 个'最大攻击波'(Deck Loads),且每个'最大攻击波'应是 1 个完整的打击群。"米切尔说的这种方法也被称为"两波打击循环进行"(见本书第 97 页)。

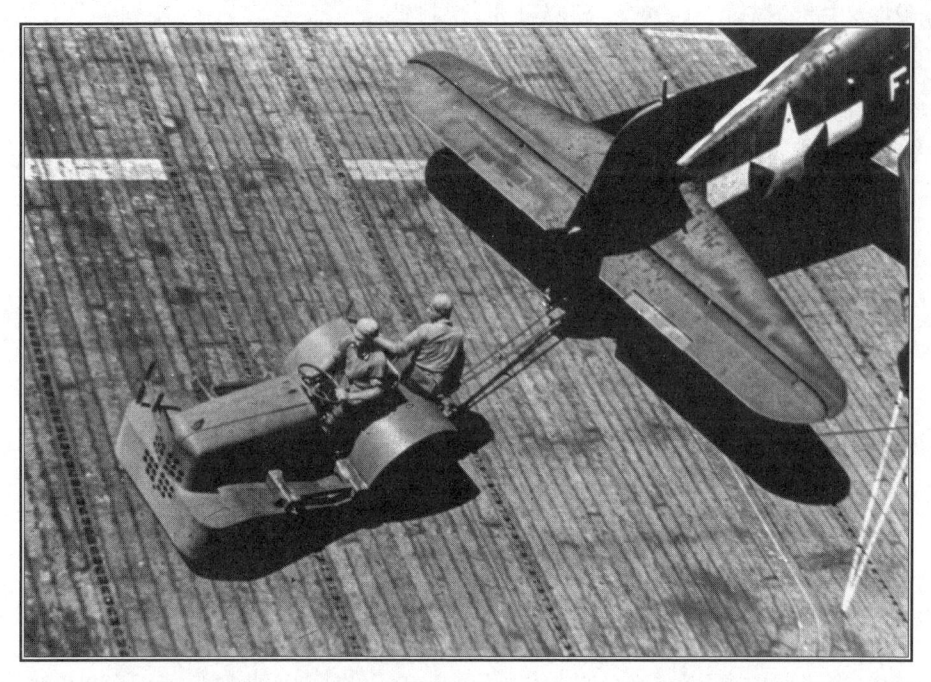

1943 年 11 月,"蒙特雷"号(CVL-26)航母上,1 辆福特森(Fordson)B-25 型小型牵引车(Moto-Tug)正在将 1 架 F6F-3"地狱猫"拖到指定位置。该战机来自海军第 30 战斗机中队。由于美国航母舰载机的重量不断增加,海军在 1943 年 10 月为每艘重型航母配备了 4 辆吉普车和 7 辆小型牵引车,并为每艘轻型航母配备了 2 辆吉普车和 4 辆小型牵引车。不过,这些车辆从未使甲板地勤人员完全摆脱体力劳动。(盖帝图像有限公司供图)

飞机的滞空时间有限,这加剧了起降作业的复杂程度。航母航空兵大队规模庞大,起降作业的组织、速度和效率都事关其行动安全。1943 年,美军航母采用了一种增加出击飞机数量的方法,即让飞机在停放时折叠机翼,直到起飞前一刻才展开。另外,在"埃塞克斯"级航母上,由于飞机起飞或降落需要的甲板长度只占甲板全长的一半,因此无论在起飞前还是返航时，舰上都能有 1 部升降机可把飞机升上甲板或收入机库。理论上，航母可以同时进行飞机起降作业，但这在现实中并不多见。

虽然美军快速航母配有 1—3 部蒸汽弹射器，但各方都更愿意让舰载机依靠自身动力起飞——此时，大型攻击机只用 10 秒就可以起飞，而用弹射器则需耗时 30 秒。但由于飞机重量的增加，到 1945 年，快速航母 40% 的起飞架次都需要依靠弹射器完成。另外，航母还不能在飞行甲板前倾时进行弹射，否则飞机就有可能坠海。因此，一旦航母发生严重纵摇，飞机的起飞频率也将大幅降低。

在一个攻击波往返期间，快速航母可能会行进 60 海里的距离。为此，指挥官需要提前规划好预定位置，即所谓的"选择点"（Point Option）——其坐标等信息会张贴在中队准备室和航母舰岛上。在返航时，飞行员将依靠"YE-ZB"系统返回母舰。该系统以航母为中心，将周边海域划分为 12 个扇形区域。每个区域圆心角为 30 度，并对应着 1 个双字母摩尔斯码代号（如"AA"或"ZZ"）。航母上有 YE 天线，会向对应区域定向发送上述代号，甚至在无线电静默状态下也是如此。上述代码会在起飞前向飞行员公布，并每天更换，以确保通信安全。至于飞机到航母的距离则可以通过飞机上的 ZB 接收机确定，但具体接收距离取决于飞机的高度，在飞机的高度为 8000 英尺时，其接收距离约为 80 海里（飞机每下降 1000 英尺，接收距离就减少 10 海里），最大接收距离为 275 海里。

抵达航母附近后，返航中队将进入盘旋等待航线（Holding Pattern），并与航母保持距离。由于美国航母舰岛位于右舷，因此飞机通常将向左盘旋。在航母发出一连串指令后，各中队将依次下降到航母上空 500—1000 英尺处，并组成若干分队，以椭圆航线盘旋备降。接下来，各分队将依次下降至 100—300 英尺的高度，然后各机以 20 秒的间隔时间单独降落。在航母的甲板上，工作人员将目测确认飞机尾钩已伸出。飞机将在最后一个顺风航段放下起落架，最后左转半圈，从航母左舷后方向甲板降落。随后，飞行员将进入"最佳位置"（Groove，即距离舰尾 200 码，高于飞行甲板 40—60 英尺，时速超过失速速度 10—15 英里），并开始接受着舰信号主管指挥。着舰信号主管（他本身也是一名合格的飞行员）身穿颜色鲜艳的服装，其任务是用标准动作和信号板引导进近飞行员。降落时，飞行员可以便宜行事，但必须听从两个命令——一个是"复飞"命令，即中止降落并重新执行降落程序；另一个是"关机"命令，此时飞行员必须紧急关闭发动机，以便飞机能骤然下落到甲板上。

1945年，轻型航母"贝劳伍德"号的着舰信号主管沃尔特·乌伊西克（Walter F. Wujcik）正在挥舞信号板，引导飞机降落。每个信号板都格外显眼——上面有许多紫红色布条。乌伊西克身穿荧光服——夜间，在紫外线泛光灯的照射下，这种衣服将变得格外显眼。这名着舰信号主管位于左舷舰尾，面向后方，其身后是一块专用风挡（可以抵御30多节的来袭气流）。（美国海军历史资料网供图）

夜间行动

  1943 年，日军方面加大了夜间鱼雷攻击频率，让美军的航母航空兵大队一时难以招架。1944 年 1 月，美军各快速航母开始列装夜间战斗机。不过，这些夜间战斗机"能力有限，只能满足美军的最低需要"。大型航母上的航母航空兵大队都组建了两个夜间战斗机小队（绰号为"蝙蝠"），每个小队拥有 1 架"复仇者"和 2 架"地狱猫"。在行动中，战斗机引导人员和雷达将帮助上述小队保持目视接触，使其免遭友军误击。此外，"企业"号和"无畏"号配有接受过夜战训练的"'海盗'四机分队"，"邦克山"号和"约克城"号配有接受过夜战训练的"'地狱猫'四机分队"。

"约克城"号的 3 号升降机正在将 1 架 F6F "地狱猫"战斗机送上飞行甲板。"埃塞克斯"级航母的飞行甲板和甲板边缘升降机上均铺有北美黄杉或花旗松木板（厚度为 3 英寸）。这些木板的弹性好，不易开裂。"约克城"号的内部升降机使用了四分之三英寸厚的特殊处理钢板（Special Treatment Steel）。不过，美军更喜欢木质材料，因为木制品在海上更容易维修。["二战数据库"网站（World War II Database）供图]

1944年12月，F6F-5N"地狱猫"战斗机取代了F4U"海盗"战斗机，成为航母标配的舰载夜间战斗机。F6F-5N配备了无线电高度计和APS-6机载雷达，可以在22海里以外探测到航母。该机额外配备的ARC-1电台可以帮助飞行员进行双向主动无线电控制，从而满足其夜间飞行的需要。另外，美军还为TBM"复仇者"安装了ASD-1机载雷达，使其可以在40海里以外探测到航母。此外，美军还拆除了这些"复仇者"攻击机的机腹装甲和多余的防御武器（在机尾额外配备了14磅重的铅块以保持平衡），以增加其航程和载弹量。

远海夜间飞行容不得半点疏失。地勤人员必须精心维护发动机和电台，以确保战机在执行夜间任务时能发挥最大作战效率。在起降作业中，着舰信号主管将使用特制的36英寸照明棒和1套甚高频设备与飞行员联络。此外，航母舰尾附近还装有紫外线泛光灯——可以照亮着舰信号主管的夜间荧光制服。在航母上，夜间照明设备始终没有太大变化，只是甲板照明灯被更换为了"胜利灯"（Victory Light，由橡胶制成，外观为白色，长21英寸，宽6英寸）。"胜利灯"是镶嵌在甲板上的，靠甲板内部的小灯从底部照亮。事实证明，"胜利灯"在"勾勒甲板轮廓和创造景深知觉"方面效果出众：来自"企业"号的一份报告指出，采用这种灯之后，"没有一架飞机错过航母甲板"。

事实上，夜间飞行的最大挑战是机组人员无法得到充足睡眠。这种情况经常发生，因为在白天，特混舰队就算没有遭到攻击，也会进行各种作业。为发起夜间行动，航母往往需要配备更多军官和训练有素的专业人员。每艘航母在出动时往往只有1名拥有夜间作业资质的着舰信号主管，但指挥官会在行动期间刻意培训更多专业人员（整个过程大概需要2个月的时间）。

菲律宾海海战进一步暴露了快速航母夜战能力的不足。1944年6月，美军规定所有飞行员都必须具备夜间着舰资质。1944年7月，欧内斯特·金海军上将批准在"企业"号、"独立"号和"巴丹"号轻型航母上组建夜间航母航空兵大队。该部队组建于珍珠港，是"由多个夜战分遣队拼凑而成"的，其正式名称是"第41（夜间）轻型航母航空兵大队"[CVLG(N)-41]。该夜间航母航空兵大队装备了19架F6F-5N"地狱猫"战斗机和8架TBM-1D"复仇者"攻击机，并从1944年8月17日开始在"独立"号上执行任务。1944年12月19日，美军还组建了第7夜间航母分队（Night Carrier Division 7），马特·加德纳（Matt Gardner）少将为该分队指挥官。几周后,"巴丹"号不再参与夜间作战,而"企业"号与"独立"号则和6艘驱逐舰一起组建了第38.5特混大队(TG-38.5),独立开展夜间行动[白天,该大队将在第38.2特混大队(TG-38.2)的掩护下巡航]。

事实证明,轻型航母并不适合参与夜间行动。1945年2月,美军用"萨拉托加"号取代了"独立"号。同时,负责为参与夜间行动的航母提供掩护的第38.2特混大队也被改名为第58.2特混大队。2月21日,"萨拉托加"号离队,"企业"号开始单独在硫磺岛附近负责执行夜间战斗机巡逻任务。从2月23日开始,"企业"号上的舰载机在接下来的200小时里执行了198小时的空中巡逻任务,其中包括174小时的不间断巡逻,直到该舰于当年4月离队。1945年7月和8月,"好人理查德"号上的第91(夜间)航母航空兵大队[CVG(N)-91]接管了"黄昏和夜间扫荡与战斗机巡逻任务"。在快速战列舰炮击日本本土期间,该舰提供的空中掩护尤其引人瞩目。然而,米切尔海军上将却很不重视这项工作,因此,夜间行动的相关争论一直持续到了1945年8月,而且没有产生多少积极效果。

特混舰队战术
编队与通信

1941年,美国海军的一项重要创新是"舰船间通话系统"(Talk Between Ship)。该系统采用了一种功率为50瓦的短程甚高频无线电语音收发装置——发射频率为60—80兆赫,由美国无线电公司(Radio Corporation of America)和海军研究实验室共同开发。因为"舰船间通话系统"的电波覆盖范围较小(通信半径约10海里),不必担心通信内容被敌方截获,所以各舰船之间可以进行不加密的通话。各特混大队之间会保持12海里的标准距离,这一距离可以让各舰利用可视信号和"舰船间通话系统"进行通信,并开展相互援护。此外,有时美军还会在各特混大队之间单独部署"联络"驱逐舰(用其充当通信中继站)。

特混大队中的舰船的标准航速为15节(全速航行时的速度为25节),航母总是位于舰队中央,内圈是负责提供严密防空保护的战列舰和巡洋舰,最外圈是驱逐舰。如果航母附近的重型舰艇数量不足,其位置将由驱逐舰补齐。夜间,美军会在距离特混大队中心约12海里处部署多艘驱逐舰(充当警戒哨),其余驱逐舰则位于航母之间,充当额外警戒力量。特混大队的标准巡航阵型被称为"5-R队形"(直径为12000码),

而主要防空阵型（战斗阵型）则是"5-V巡航队形"（见本书第91页）——采用此阵型时，整个特混大队会收缩到6000码的范围内，从而提高防空火力网密度。

在采用"5-V巡航队形"时，上级会把特混大队的所有机动都称为"紧急转向"。此时，旗舰将利用"舰船间通话系统"发布消息："这里是（特混大队司令），所有舰艇转向×××航向。"接到命令后，整个特混大队里的舰船会一起掉头。如果敌机试图发动鱼雷攻击，特混大队就会紧急转向，并以侧面迎敌，从而充分发扬驱逐舰的防空火力。如果敌机穿透了"驱逐舰屏障"，特混大队就要再次紧急转向，让航母用舰尾对准敌机，从而减小目标投影，并迫使敌军鱼雷机追击航母，以延长其攻击时间，并使其处于战列舰、巡洋舰和航母的防空火力的打击下。

随着航母不断加入和脱离快速航母特混舰队，各个特混大队也经常随之重组或解散。米切尔上将希望每个特混大队拥有4艘航母，并认为如果航母的数量少于4艘，就会浪费掩护舰船，如果航母的数量多于4艘，实施飞行作业就将变得很困难。在执行打击任务时，快速航母特混舰队通常会命令下属各特混大队鱼贯前进——这种安排有利于实施飞行作业。

雷达

雷达对美国航母作战带来了革命性影响。在雷达出现之前，人们都普遍相信，航母几乎不可能抵御敌方空袭，因为它们根本没有时间在发现敌人后实施拦截。但雷达可以探测目视范围之外的飞机，使防守方有时间分配有限资源，从而应对迫切威胁。美国航母上的船员可以熟练使用雷达，这使航母具备了相应的防御能力，可以在一定时间内不受常规空袭影响。此外，雷达的出现还消除了战前人们对航母遭遇水面舰艇突袭的恐惧。

1940年7月，美国航母首次安装了雷达。1943年，每艘"埃塞克斯"级航母均安装有2部SG对海搜索雷达和1部SK对空搜索雷达，以及1部备用的SC-2对空搜索雷达。作为主力对空搜索雷达，SK雷达可发现80海里外的来袭飞机，预警时间约为16分钟（值得一提的是，1944年6月19日，美军的2艘战列舰曾用SK雷达发现过141海里外的大型来袭机群）。1943年3月，SM测高雷达正式在美军中列装。这种窄波束雷达必须先在对空搜索雷达的"引导"下对准目标，之后才能完成锁定。后来，SM测高雷达的缩小版——SP雷达——也陆续被安装在航母、战列舰和巡洋舰上。但需要指出的是,由于雷达存在盲区(尤其是在低空),而且可能失灵或遭到干扰,因此目视探测仍然至关重要——尤其是在对付低空飞行的攻击机时。

在 1944 年年初的马绍尔群岛战役中,美国海军第 101 夜间战斗机中队的 F4U-2"海盗"夜间战斗机正准备从"无畏"号(CV-11)航母上起飞。这些夜间战斗机的雷达安装在机翼上。战斗机停放在甲板上时,如果折叠机翼,水汽将不断积聚,并导致雷达失灵。例如,一个夜间航母航空兵大队曾将 20 架飞机停放在甲板上,在下了 6 小时的暴雨之后,这些飞机上的雷达就全部因暴露在外而无法使用了。(维基媒体供图)

战斗机引导战术

美国海军借鉴了 1940 年"不列颠之战"期间英国空军的做法,发展了一套战斗机引导战术、技术和组织结构。随后,美国海军还复制了英国的战斗机中央控制中心,并在 1941 年 7 月将其安装到了"大黄蜂"号航母上。舰上所有相关传感设备收集到的信息和导航数据(包括来自瞭望手的目视观察数据)都会被收集到所谓的"雷达图室"(Radar Plot)里。在这里,1 名经验丰富的战斗机指挥主管(Fighter Direction Officer)会接收和评估信息,绘制当前空中态势图,通过箭头和罗马数字标识敌军来袭的方向,并派遣己方战斗机实施拦截。同时,中央通信系统将把雷达图室与所有雷达、火力控制、瞭望、舰船操纵和战斗机控制单位连接起来。1942 年 11 月,雷达图室更名为"战斗情报中心"(Combat Information Center),美军要求每艘军舰必须配备 1 个战斗情报中心。"埃塞克斯"级航母的战斗情报中

"独立"级航母上处于无人状态的战斗情报中心(照片拍摄于1944年7月)。我们可以在这张照片中看到下列设备:"舰船间通话系统"的甚高频无线电扬声器;态势板;陀螺仪复示器;垂直绘标板;2张绘图桌;1台能远程工作的平面位置显示器。在战斗期间,该中心将变得相当拥挤。因为战斗情报中心的特殊性,室内安装有空调,所以"经常有闲杂人士进入该中心"。为阻止无关人士进入,并减少不必要的伤亡,航母的战斗情报中心通常被设置在机库甲板下方。(美国海军供图)

53

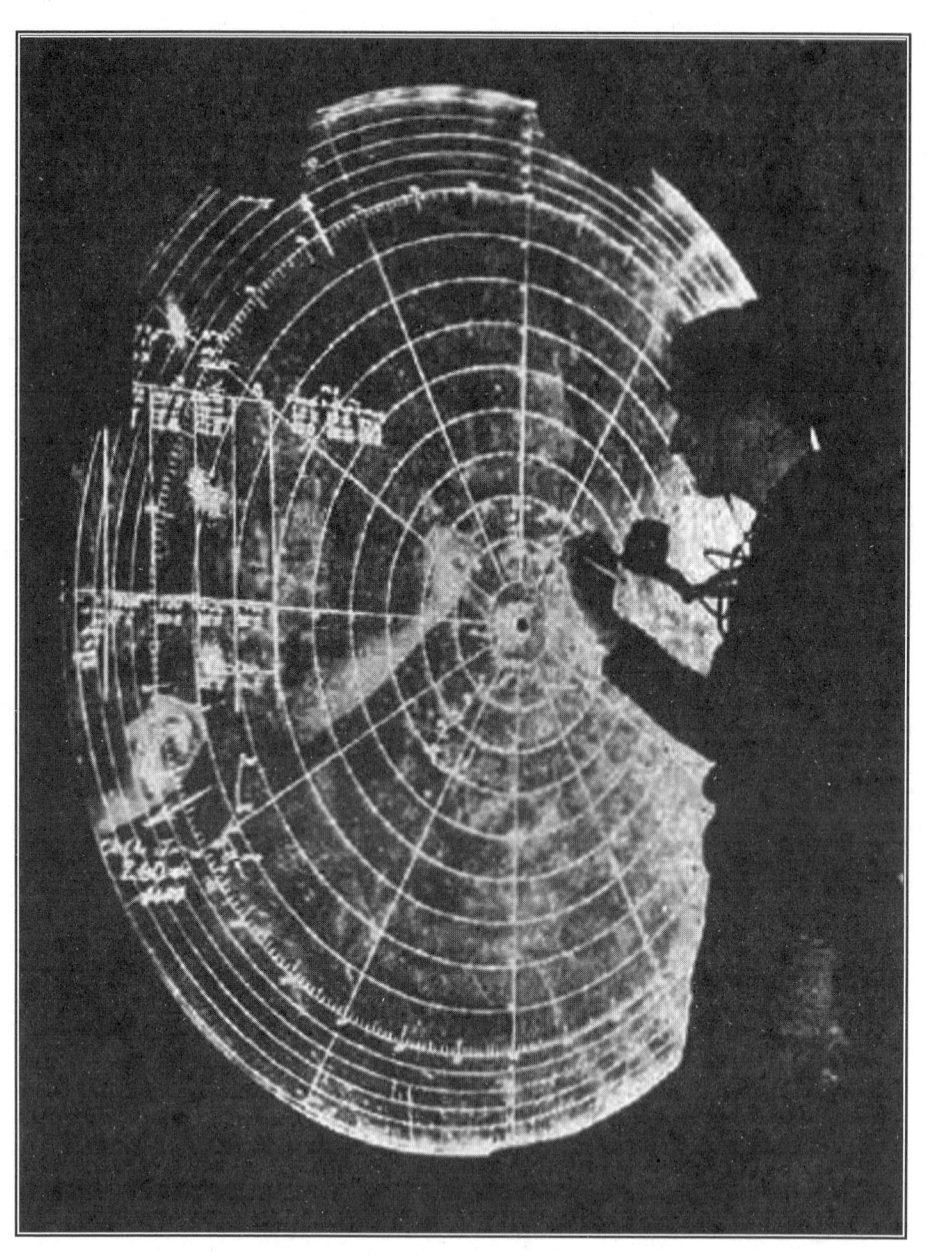

1名士兵在战斗情报中心的垂直标绘板上更新数据（照片拍摄于1944年或1945年）。在垂直标绘板的另一侧还有很多水兵，他们都掌握了1项"在本舱室内非常重要的技能"——反向书写。垂直标绘板是用透明有机玻璃制成的，当灯光从其外缘亮起时，用油性笔书写的字迹也会随之发光。1941年，美国海军派遣人员观摩了"不列颠之战"，并照搬了英国皇家空军的战斗机引导技术与方法。但直到1943年，英国海军"胜利"（HMS Victorious）号航母在美国船厂进行维修之后，美军才仿制出这种垂直标绘板。（美国海军供图）

心拥有1个大型垂直标绘板（也就是所谓的"摘要板"）、2个小型标图板（专门用于具体截击行动）、多个大型状态板和多个雷达数据中继显示器屏。

特混舰队或特混大队司令也被称为"战术指挥官"（Officer In Tactical Command），但他会把大部分空中管制权力下放给战斗情报中心，并由战斗机引导人员具体负责。战斗情报中心的成员既不是安纳波利斯海军学院的毕业生，也不是职业水兵，而是一群年轻的后备役军官和士兵。他们虽然都是些年轻人，但"'年轻'也赋予了他们能够轻松掌握各种新技术和方法的能力"。在1944—1945年，美国海军的战斗机指挥主管也同样由年轻人担任，他们大多只有20岁出头或25岁上下，接受过大学教育，思维敏捷，抗压能力强，都经历过高强度训练，并最终从高淘汰率的选拔中脱颖而出。在1945年的一次"神风"袭击期间，1名24岁的上尉挥舞着无线电话筒，运用各种战术技能指挥战斗机实施拦截。在舰队中，拥有"出色战斗机引导技能"且"命令清晰明了"的战斗机指挥主管总是非常抢手。在有些情况下，整个特混舰队的战斗机指挥主管还会向特混大队放权，并由后者的战斗机指挥主管来执行具体工作，但另一方面，他也可以向未参战的特混大队的巡逻战斗机下达命令，以便支援遭受攻击的友军。战斗机指挥工作通常由航母负责执行，但也可以交由特混舰队中的任何舰艇来执行。

在通信时，战斗机指挥主管主要使用短程四频道甚高频电台。这种工作频率为100—155兆赫的电台，于1943年夏季研制成功，随后开始列装快速航母。高频率可以避免通信内容被敌方截获，而4个频道则可以同时进行4场对话。通常情况下，1个频道由战斗机引导人员使用，以便指挥战斗机；1个频道属于航空标绘室（Air Plot），以便其与打击机群保持联络；1个频道用于在特混舰队（或特混大队）内部各舰船的战斗情报中心之间进行通信。

1943年年末，所有美军舰艇和飞机上都安装了改进型敌我识别（Identification Friend Or Foe）设备，即Mark Ⅲ单波段敌我识别器（该系统是盟军的标配，美军的舰船和战机上均有安装）。如果发现不明飞机，盟军雷达将从美国海军所谓的"A"波段向目标发出一组含有电子代码的"询问"信号。收到该信号后，飞机应答器（需打开）会自动发送对应回复——这有助于大幅减少误击。Mark Ⅲ单波段敌我识别器还能从战斗机专用的"G"波段发送信号，以确定有哪些战斗机可用，从而帮助友军进行雷达引导拦截。

早期的雷达显示屏需要操作人员拥有较高的训练水平。但到 1942 年，"平面位置显示器"（Plan Position Indicator）开始列装部队，它将雷达接触点展示在雷达图上，并用从显示屏中心射出的光线代表向周围旋转发射的雷达波束——这种显示模式极为直观，并且至今仍然在使用。除了雷达和"平面位置显示器"，美军舰艇还配有航迹自绘仪（Dead Reckoning Tracer），这是一种与舰艇陀螺仪相连的机械导航计算机，可进行实时航迹推算，并不断记录舰船位置。在 SG 海面搜索雷达、"平面位置显示器"、航迹自绘仪和"舰船间通话系统"综合加持下，"海上导航发生了巨大变化"：无论天气如何，特混大队都能在高速行驶时保持正确的航向。

特混大队防御

快速航母的最佳防御手段是"保持远程无线电通信静默，以避免被敌方发现"。而且，美国海军还会对航母进行视觉伪装，从而帮助舰艇保持隐蔽，使其免于被敌人的飞机或潜艇发现。此外，美国海军使用的"炫目迷彩"涂装，也会让敌方潜艇误判距离。

美国海军一般会在特混大队前方 30—40 海里处部署一列哨戒驱逐舰，即"水面侦察线"（Surface Scouting Line）。这些驱逐舰可以对敌方潜艇和轻型水面舰艇实施武装侦察。在 1945 年 2 月袭击东京期间，美国海军曾将 14 艘驱逐舰派往特混大队前方，"组成了 1 条 60 海里宽的哨戒线"。从 1943 年 11 月开始，美国海军还将特别指派驱逐舰在特混大队前方 50—60 海里处执行雷达哨戒任务，以扩大舰队的搜索范围。

如没有进行高强度战斗，美国海军将指派 1 个特混大队值班——为整个特混舰队执行反潜巡逻、战斗机巡逻和侦察等任务。该大队将通过目视观察的方式（或利用雷达）来搜索敌方潜艇的潜望镜，以便友军用深水炸弹、鱼雷发动攻击。由航母航空兵大队和驱逐舰组成的"警戒幕"，为快速航母特混舰队提供了全面的反潜作战能力。在穿越海峡时，特混大队将排成纵队前进，同时加强水面反潜巡逻。

空中防御

特混大队的主要防空手段是派遣战斗空中巡逻队（Combat Air Patrol），每个此类巡逻队均由若干战斗机分队组成，每个分队有 4 架战斗机。天气晴好时，每个特混大队都将派遣昼间战斗空中巡逻队（Day Combat Air Patrol，至少拥有8架战斗机）随时警戒；天气恶劣时，战斗空中巡逻队将在甲板上待命，以便在10分钟内出击。战斗空中巡逻队的巡逻航线包括圆形航线、椭圆形航线、八字形航线，其中八字形航线应与预想的威胁来袭方向垂直。能减少飞行员背对敌方的时间的八字形航线，是战斗空中巡逻队的首选航线。战斗空中巡逻队的基本战斗态势有3种：

截击态势——在航母上空20000英尺的高度盘旋，盘旋区域的直径为10海里。

巡逻态势——在航母上空10000—12000英尺的高度盘旋，盘旋区域的直径为10海里。

反雷击态势——在高射炮的射程外，预想的敌机来袭航线上空6000—8000英尺的高度盘旋，盘旋区域的直径为5海里。

1943年，美军规定战斗空中巡逻队应在预想的敌机来袭航线上空盘旋，并挡在航母与敌机之间。1944年，美军规定战斗空中巡逻队应尽量发扬其优势，在预想的敌方来袭机群航线的上方和侧翼盘旋，但此举对战斗机指挥人员的跟踪定位技能要求很高。从理论上来讲，截击位置越远越好，但如果战斗空中巡逻队距离舰队太远，就很可能错失来袭机群，甚至导致追击失败。在理想情况下，实施防御的战斗机的数量应至少与来袭敌机的数量相当。

在实施打击时，每个特混大队将至少投入由60架战斗机组成的战斗空中巡逻队：其中24架战斗机在"不同高度集结待命"，8架战斗机负责低空战斗巡逻（Low CAP），12架战斗机在甲板上随时准备起飞［即处于"10号状态"（Condition 10）］，16架战斗机可在10分钟内完成起飞准备［即处于"11号状态"（Condition 11）］。如果有任意一个"四机分队"收到了拦截任务，航母将立刻出动8架战斗机作为补充。战斗空中巡逻队一般会连续执行3—4小时的任务。如果情况十分紧急，战斗空中巡逻队会在甚高频无线电中发出求助信号，召集所有战斗机全力保护航母（不管这些战斗机是否正在执行战斗巡逻任务）。

高射炮

特混大队的"第二道防线"是高射炮，如果战斗空中巡逻队在追击敌机时进入了高射炮的射程，飞行员就需要自担风险（与英国皇家海军不同，美国海军不会为友军停火）。1943年，美军引入了一种三层高射炮防空系统——由雷达负责引导。到1945年，该系统已被部署在包括驱逐舰在内的所有美国军舰上。美军的远程高射炮是5英寸38倍径高平两用炮——由Mark 37指挥仪[配有Mark 4（FD）火控雷达或Mark 12火控雷达]负责引导。5英寸38倍径高平两用炮的最大射高为37000英尺，理论射程为18200码，理论最大射速为15—20发/分（大多数炮弹均采用了人工设置的定时引信，可在判定中的敌机所在的高度引爆）。1943

1945年2月13日，"大黄蜂"号（CV-12）航母上的水兵正在使用四联装40毫米博福斯高射炮练习打靶。这些博福斯高射炮的弹仓可容纳2个弹夹，每个弹夹可装4发炮弹（全重20磅，由照片中位于左侧的副装填手负责搬运）。我们可以在这张照片中看到，炮弹弹壳已铺满了炮位地板。1门四联装40毫米高射炮最少需要11名人员操作，分别是炮长、目标指示员（Pointer）、转向操作手（Trainer）、4名副装填手（负责将弹夹从备弹架上递给主装填手）和4名主装填手（为各自负责的火炮装弹）。该火炮由瑞典设计，在美国海军的高射炮中独领风骚，其击落的飞机数量占美国海军宣称的"敌机击落数"的33%。一位官方历史学家更是指出："战争初期，很多空中力量专家放言，战列舰必将被淘汰。但博福斯高射炮等武器为挽救它们做出了巨大贡献。"（维基媒体供图）

1944年4月29日，在特鲁克附近，1架中岛B6N鱼雷机[美军称其为"吉尔"（Jill）]正试图强行突破"约克城"号航母的密集高射炮炮火。在战争中，美军平均需要发射数千发炮弹才能击落1架日本飞机。美军高射炮组接受的训练是：宁可高估提前量，也不要低估提前量，因为这会让敌方飞行员看到弹幕，从而形成一种心理威慑。另外，让敌方飞行员投弹不中，远比击落敌方飞机更重要。基于某些明显原因，在抵御低空空袭时，美国海军经常遭遇一个严重问题，即误击友军舰艇，导致人员死伤。（盖帝图像有限公司供图，图片编号90958709）

年，约翰·霍普金斯大学（Johns Hopkins University）秘密研制出VT引信[其中"VT"是"变时"（Variable Time）的首字母缩写，该引信又名近炸引信]。这是一种"革命性武器"，其头部装有1个微型无线电收发装置，可不断向目标发送无线电波。如果目标进入炮弹的杀伤范围（70英尺），VT引信就会自动引爆炮弹。事实证明，在杀伤效率上，装备VT引信的炮弹是早期装备Mark 18定时引信炮弹的4倍。

瑞典设计的40毫米博福斯高射炮主要承担中程防御任务，该火炮配有水冷套筒和动力系统，由Mark 51指挥仪控制。40毫米博福斯高射炮有双联装和四联装两种型号，其有效射程为2000码，额定射速为160发/分。该火炮配有曳光弹。

20毫米厄利孔高射炮主要承担近程防御任务。该火炮源自瑞士，采用了风冷式设计，有一些型号配有Mark 14陀螺仪瞄准具。该火炮有单管和双管两种型号，它们的有效射程都为1000码。不过，该火炮的遏制力不足，无法摧毁俯冲的飞机，因此该火炮在1944年年底已无力应对那些采取自杀式攻击的飞机。

在遭遇空袭时，特混大队应进行机动，以便让更多高射炮位迎敌。但各舰不得擅自机动，只有在试图发扬火力或直接遭受攻击时除外。为集中火力，各舰应保持紧密队形。标准条令规定，如目标接近至12000码，军舰应使用5英寸38倍径高平两用炮开火，且大部分炮弹应使用VT引信。屏障内各舰需重点攻击鱼雷机、在桅顶高度平飞的轰炸机和"神风"自杀机，而航空母舰则重点攻击俯冲轰炸机。如遭遇夜间空袭，护航舰艇开火，但航母则应停火，以避免暴露位置。另外，各舰还可用规避机动充当"最后的自救手段"。

反"神风"战术，1944—1945年

鉴于常规空袭无法起到作用，且突防飞行员愈发难以生还，日军从1944年10月25日开始采用"神风"战术。该战术要求飞机从多个方向和高度逼近目标，从而令美国海军的防御力量手足无措，并（使情况）超过战斗情报中心中战斗机引导人员的应对能力。不仅如此，日军还下令飞机进行自杀式撞击，以确保给对手造成重大杀伤。

"神风"战术给防御带来了特殊问题。1945年，第58特混舰队在一份报告中记录道："这些攻击通常由单机或少数飞机发动，敌机会在接近时急剧改变航向和高度，一旦遭到截击，敌机就会分散开来，并利用云层掩护。敌机会跟随我军返航机群，使用诱饵飞机，从任何高度（包括贴近水面）来袭。在此期间，日军只发动过一次传统攻击，投入了32架'贝蒂'（Betty）[①]，另有16架战斗机在14000—18000英尺高空掩护。但敌机在距特混舰队60英里处就被消灭了。"

在莱特湾海战结束后，第38特混舰队在1944年11月下旬开始接受首轮休整。在此期间，该舰队开始演练新式反"神风"战术。该战术是由麦凯恩海军中

[①] 译者注：即一式陆攻，日本海军的一种双引擎轰炸机。

将的参谋们策划的,其中"吉米"萨奇("Jimmy"Thach)海军中校尤其功劳卓著。为检验这一战术的具体效果,该舰队进行了代号"驯鹿陷阱"(Moosetrap)的一系列防空演习,并由指定美军战斗机扮演"神风"自杀机,模仿日军战机的飞行方式。此外,美军还专门设置了雷达哨戒力量:一部分雷达哨戒驱逐舰代号为"看门狗",负责在特混舰队两侧盯防敌军最可能来袭的轴线;另一部分驱逐舰代号为"雄猫",被部署在打击机群返回航母时最可能的航线附近(见本书第110页)。"看门狗"和"雄猫"会在日出时就位,并以15节航速在指定的直径5000码的区域内环形巡航,而且舰上均有战斗机引导小组。

雷达哨戒任务极其危险。各舰需持续进行目视和雷达搜索,并让防空武器各就各位,以便立刻攻击12000码内的所有敌机。哨戒驱逐舰还需要同时监控9个无线电频道,并向旗舰报告发现的所有目标。在冲绳外海,哨戒驱逐舰有时会有另一艘驱逐舰和(或)装备防空武器的支援登陆艇(LCS)及步兵登陆艇(LCI)护航。虽然它们会有"雷达哨戒战斗空中巡逻队"(Radar Picket CAP,至少包括4架战斗机)全天随行,但防空的主要手段仍是舰载武器。日落时分,雷达哨戒舰将向特混大队靠拢,以便接受后者保护。

根据规定,美军打击机群需在返回时前往"雄猫"哨戒舰附近,并在驱逐舰上空盘旋。同时,"雄猫"哨戒舰附近的"雷达哨戒战斗空中巡逻队"将检查是否有日本飞机混入(即所谓的"除虱"),并跟随机群返回航空母舰。一旦确认返航飞机一切正常,"雄猫"就会引导打击机群返回航母。

黄昏时分,美军航空母舰将回收昼间战斗空中巡逻队,为防止个别日军鱼雷机从其背后的雷达探测盲区乘虚而入,萨奇部署了"杰克巡逻队"(Jack Patrol)。该巡逻队由"2—4架战斗机组成,在黄昏时行动,低空飞行,在航母周围的4个象限区域各有1个(此类巡逻队)"。杰克巡逻队将在潜在敌军来袭方向呈扇形展开,目视搜索地平线,寻找避开雷达和其他战斗空中巡逻队的"漏网之鱼"。此外,美军航母还会划定"禁飞区",任何飞机在此区域内都会遭到攻击。

航母损管

航母本质上是浮动的燃料库和弹药库。在美国航母上,"强力甲板"(Strength Deck)并不是飞行甲板,而是机库甲板。"埃塞克斯"级航母的机库甲板装甲可抵御1000磅重的炸弹。所有美军快速航母均配有可抵御6英寸火炮（即轻巡洋舰主炮）的装甲，而且"埃塞克斯"级航母还配有专门的防雷系统。得益于在航母设计、战术运用、损管措施和防御能力方面的全面改进，美军在1942年后只损失了1艘航母，即轻型航母"普林斯顿"号（该舰于1944年10月24日被550磅重的炸弹击沉）。然而，在1945年，美军仍有大型航母严重受损，如"富兰克林"号和"邦克山"号。虽然航母的主要"克星"是鱼雷（"列克星敦"号、"约克城"号、"黄蜂"号和"大黄蜂"号都在1942年被鱼雷击沉），但炸弹和"神风"攻击同样会引发大火，并导致大量舰员伤亡。为避免灾难发生，所有航母舰员都会在岸上学校接受损管培训，并在海上不断演练。

根据设计，"埃塞克斯"级航母拥有1个圆柱形主航空燃料罐，其外围包裹着1个"鞍形燃料罐"，此外还有另1个"鞍形燃料罐"设置在前述"鞍形燃料罐"上

1945年1月21日，航母"提康德罗加"号（CV-14）被"神风"自杀机击中，并向左舷倾斜。这次攻击导致约100名官兵伤亡，其中包括"提康德罗加"号的舰长基弗（Kiefer）海军上校。"提康德罗加"号后来返回美国本土接受维修，并在5月22日重新加入快速航母特混舰队。由于"埃塞克斯"级航母在转弯时有向外倾斜的问题，因此美军规定，一旦舰上起火，舰长需向右舷方向急转弯，从而让火焰飘向左舷，使其远离右舷的舰岛、机库消防站（Hangar Conflagration Station）、飞行甲板修理设备储藏柜（Flight Deck Repair Locker）和动力系统主进气口。（美国国家档案馆供图，图片来自"阿斯托利亚"号巡洋舰保护协会）

方。随着汽油被抽出，海水将从下方注入，避免了汽油和空气同时出现在罐内。同时，海水还在罐内保持了足够的压力，使汽油可以继续从上方抽出。在使用时，顶部燃料罐中的汽油将先被用尽，从而使内部燃料罐逐渐被水"包围"。此外，舰上的输油管道和泵也形成了一个垂直装甲隔离区，而且其中可注入惰性气体——二氧化碳。飞机加油结束后，上述系统将排走部分海水，以便让软管和管道中残留的航空汽油流回燃料罐。如果有汽油泄漏到甲板上，舰员应立刻将其擦去。

在飞行甲板上，每隔100英尺就安装了1个泡沫灭火系统。此外，舰上还有消防泵，可以将泡沫灭火剂、水雾和海水注入飞行甲板或机库。机库顶棚设有灭火喷头，而防火门可将整个机库分开，以便分区扑灭火势。机库内各停机区域里均设有1个灭火控制室——这是1个带有厚玻璃窗的密闭隔间，可以遥控各种机库灭火设备。此外，舰上的所有弹药库也拥有喷水和注水系统。"埃塞克斯"级航

1944年10月24日，"克利夫兰"级轻巡洋舰"伯明翰"（USS Birmingham）号（CL-62）向燃烧的"普林斯顿"号（CVL-23）轻型航母喷射消防水龙。舰队航母的弹药库里可能装有多达2000枚炸弹、50枚鱼雷和4000多枚火箭弹，因此靠近起火的航母本身就是1项危险的工作。在本照片拍摄后不久，"普林斯顿"号的鱼雷库就发生了毁灭性爆炸，导致"伯明翰"号上239名船员丧生、408名船员受伤。尽管"伯明翰"号幸免于难，但"普林斯顿"号最终被米切尔将军下令凿沉。（盖帝图像有限公司供图，图片编号50691143）

母有16根消防总喉管，其中14根由军舰的动力系统带动，2根由便携式汽油发动机带动，另外舰上还有由汽油驱动的重约500磅的移动式消防泵。

航母上有5处操舰区域，其中包括舵机室。如果舰桥遭到攻击，导致舰长失去行动能力，副舰长就将在"二号战位"（Battle Two）通过备用操舰设备指挥舰船。车钟命令（Engine Command）同样有多种下达途径，包括战斗电话、声力电话、勤务拨号电话（Ship's Service Phones）、通用广播系统和操舵电报机。上级会为每艘航母指定1艘巡洋舰，以便为航母提供消防水龙和修理小组。如果航母在遭到攻击后瘫痪，会由另1艘巡洋舰负责拖带，并由4艘驱逐舰提供护航。

水面作战

　　1944 年，美国快速航母已成为猎杀舰船的利器，这使得昼间水面作战几乎不可能发生，但和很多人的看法不同，美军并不总是把战列舰视为航母的"随从"。例如，美军仍在 1944 年版的《作战指令》（*War Instructions*）中构想了一种由战列舰领衔的"世界末日"式舰队交锋模式，并将其称为"重大行动"（Major Action）。另外，美日两国海军也都构想过当快速航母在场时爆发水面战的情况。此外，为应对不同威胁，快速航母特混舰队还可以灵活运用相关条令，例如：如果日军发动"东京快车"式运输（即派遣军舰对所占岛屿实施夜间补给、增援），快速航母特混舰队则可以实施"小规模行动"，派遣 1 支由轻巡洋舰和驱逐舰组成的独立轻型水面打击部队实施拦截。

1944 年，前进中的快速战列舰——来自米切尔海军上将麾下的第 58 特混舰队。美军特混舰队在 1944 年 2 月 17 日的"冰雹"行动（Operation "Hailstone"）中，对特鲁克发起了空袭，许多日军受损军舰纷纷逃离。随后，在第 5 舰队司令斯普鲁恩斯的命令下，美军叫停了空袭行动，以便让快速战列舰"衣阿华"号和"新泽西"号发起猎杀行动。美军在这次行动中击沉了日军轻巡洋舰"香取"（Katori）号、驱逐舰"舞风"（Maikaze）号和特设驱潜艇"第十五昭南丸"（Shonan Maru No. 15），士气大振。但事实上，此举并未有效利用第 58 特混舰队的水面和空中力量，反倒像是一次不太正常的"狂飙突进"。相较之下，美军于 1945 年 1 月 12 日实施的"感恩"行动（Operation "Gratitude"），在联合作战方面更为成功。在该行动中，美军派遣了 1 支"轻型水面打击部队"（Light Surface Striking Force）去炮击法属印度支那（French Indochina，即今天的越南境内）的金兰湾（Cam Ranh Bay）。同时，第 38 特混舰队也发动了空袭——尽管如此，这次行动几乎被现代历史学家们遗忘了。（盖帝图像有限公司供图，图片编号 101924621）

美军的终极构想是让快速战列舰和快速航母"双管齐下",用16英寸主炮和战机打击整个日军战斗舰队(斯普鲁恩斯、米切尔和哈尔西曾多次尝试,但其计划全部落空)。在这种"重大行动"中,为避免敌方靠近,导致航母被纳入炮火射程,美军将从现有特混大队中抽调快速战列舰和配套护航舰船,组建所谓的"重型水面打击部队"(Heavy Surface Striking Force)。该部队将靠前部署,并以战列舰为核心。让快速战列舰出击,是非常考验指挥人员的时机把握能力和操舰技术的。虽然根据既定战术条令规定,出击的快速战列舰应有1个特混大队随行,以便获得空中支援。但在莱特湾,哈尔西并没有这么做,这给他带来了许多争议。

如果重大水面作战迫在眉睫,快速战列舰部队的指挥官将接管战术指挥权。战列舰将在航母前方组成战列线,快速轻巡洋舰和装备鱼雷的驱逐舰将在战列舰前后集结,并单独向日军战列线发起进攻。美军快速航母、辅助舰和最基本的屏护力量将留在战列线后方15—20海里处。在此期间,美军航母应首先寻找并歼灭日本的航空母舰,从而建立制空权,随后再空袭前方30海里处(刚好超出日本海军舰炮射程)的日本舰队,以支援已方战列舰。同时,重巡洋舰将在快速航母前后左右就位,并利用雷达引导8英寸舰炮,以防止日本海军实施包抄。在取得预期的胜利后,航母会继续打击逃窜之敌,而其他美军水面舰队则负责将对手全部歼灭。

上述假想是美军水面舰艇高级军官在1944年提出的。当时,他们可能没有意识到:美国航母的实力极为强大,有些行动其实是画蛇添足。更何况日本海军已遭受沉重打击,完全不堪一战。为在日本近海参加战列舰对决,甚至到1945年2月,斯普鲁恩斯仍为第58特混舰队的快速战列舰配备了80%的穿甲弹。1945年4月7日,美军试图派出6艘老式战列舰迎击"大和"号,但后者随即被第58特混舰队用飞机击沉,导致这些战列舰什么忙都没有帮上。由于当时水面舰艇的打击距离仅有10—15海里,而美国航母打击距离在200海里以上,因此敌方的水面力量几乎不可能成功实施传统的包抄行动。

最终,快速航母特混舰队都没有参与过大规模水面战斗。虽然在此期间,快速航母特混舰队得到了两次绝佳机会,但其都未能抓住:1944年6月19日,菲律宾海海战期间,斯普鲁恩斯因过于谨慎而错失良机;1944年10月25日,莱特湾海战期间,虽然美军发现了两支相隔很远的日军舰队,但由于哈尔西的粗心,

距塞班岛 130 英里

第 58.4 特混大队　　　　　第 58.1 特混大队

北

距日军舰队 325 英里

第 58.7 特混大队

第 58.3 特混大队

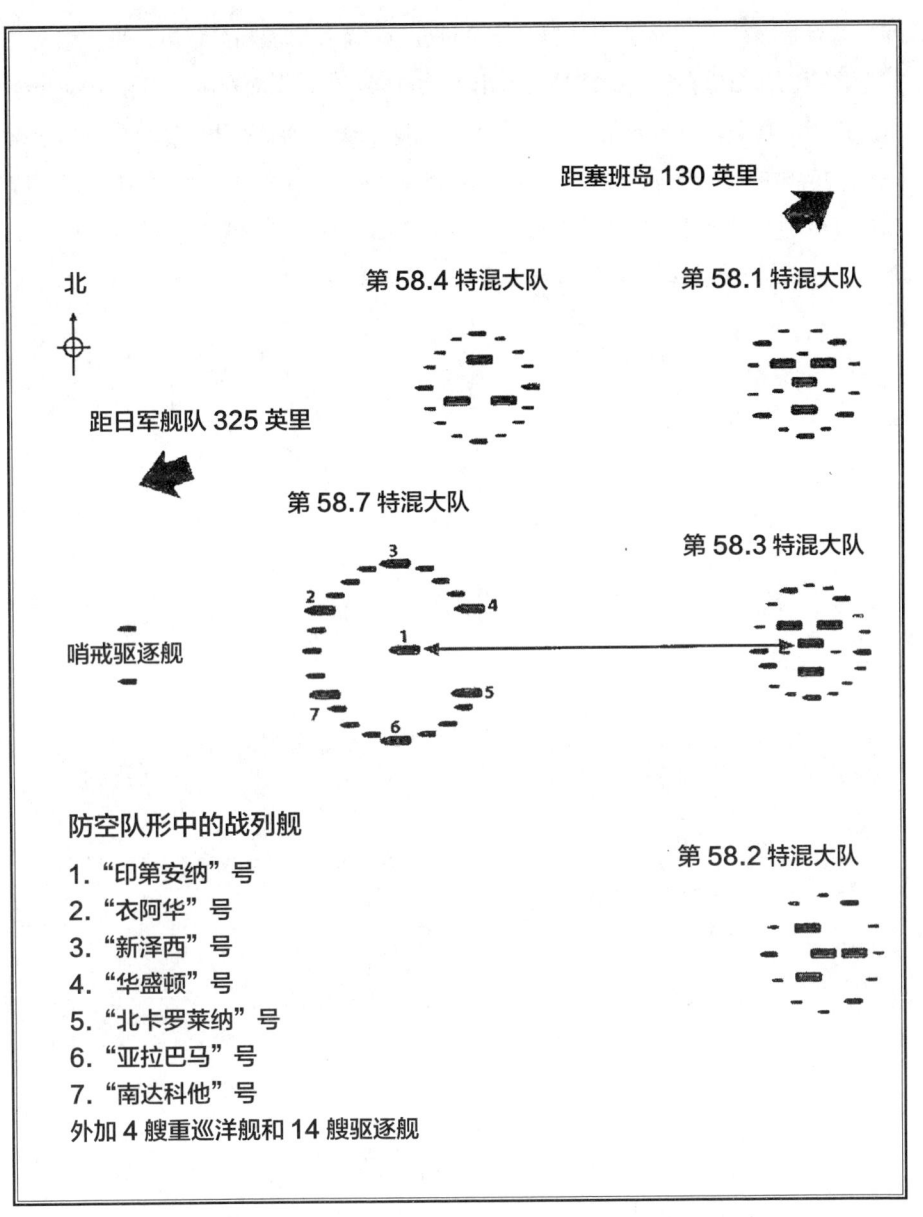

哨戒驱逐舰

防空队形中的战列舰

1．"印第安纳"号
2．"衣阿华"号
3．"新泽西"号
4．"华盛顿"号
5．"北卡罗莱纳"号
6．"亚拉巴马"号
7．"南达科他"号
外加 4 艘重巡洋舰和 14 艘驱逐舰

第 58.2 特混大队

1944 年 6 月 19 日菲律宾海海战期间，整个美军快速航母特混舰队（第 58 特混舰队）的阵型俯视图。该特混舰队分为 5 个特混大队。舰队司令斯普鲁恩斯上将希望进行水面决战，为避免战斗开始后自乱阵脚，他将快速战列舰从特混大队中抽出，并以其为主力组建了第 58.7 特混大队。该大队位于特混舰队前方，其东面 15 英里处是以航母为主力的第 58.3 特混大队。在战斗期间，米切尔的航空参谋人员请求整个特混舰队在夜间全速前进，以便快速战列舰与日军舰队展开夜战。但战列舰部队出身的斯普鲁恩斯和李却认为这一计划过于冒险。（"北卡罗莱纳"号战列舰保护协会供图）

使快速战列舰在24小时内多次错失攻击机会。在菲律宾海和莱特湾，米切尔及其航母将领们都希望在夜间把战列舰派出去，与敌人进行水面对决。但在1944年6月，由于一直需要承担防空任务，快速战列舰已被分散部署很长时间（隶属于第58特混舰队的各个下属单位，从未集结行动或接受集体作战训练）。快速战列舰指挥官威利斯·李海军中将甚至还没见过麾下的所有战列舰舰长——鉴于训练不充分，他对组成战列线用雷达开展夜战持怀疑态度。

空中作战

1944年11月，美军发行了《美国舰队现行战术指令和条令》(文件编号USF-74B)。该文件可被视为美军于二战末期发行的针对"航母空中作战"的基本手册。作为补充，各航母航空兵大队和中队指挥官也制定了一些战术，这些"定制"措施一旦被证明成功，就会被编入报告和通告，在整个航母部队中推广开来。

侦察

到1943年，随着专用的"无畏"侦察中队被撤编，美军航母开始临时抽调飞机完成侦察任务。这些飞机以2—3架为一组，相互支援，每个小组分别负责搜索罗盘方位图上的一个扇区，其侦察距离最远可达到350海里。在目视搜索时，飞机的飞行高度通常为500—1000英尺，但为确保机载雷达取得最佳效果，"复仇者"攻击机需要在1000—3000英尺的高度飞行。机载雷达最远可分别在30—40海里、25—35海里、15—20海里和1—3海里的距离发现大型护航船队、巡洋舰、驱逐舰和潜艇潜望镜。另外，机载雷达还可以探测到10—15海里外的多引擎飞机编队，以及6—8海里外的单引擎飞机编队。1944年中期，远程陆基侦察机愈发成为快速航母特混舰队的得力助手。此外，潜艇的作用也值得一提，虽然它们在行政和战术上都不隶属于快速航母特混舰队，但靠前部署的潜艇仍会跟踪来袭敌方编队，并通过无线电报告接触情况。

打击

快速航母的任务是发动大规模空中攻击，其攻击类型有两种：一种是"扫荡"(Sweep)——完全由战斗机实施，旨在袭击指定区域，寻歼敌机或其他临机目标(Targets of Opportunity，通常是机场)；另一种是"打击"(Strike)——由轰炸机和战斗机联合实施，攻击预先指定的特殊目标。

在执行打击任务几天前，照相侦察机会记录目标和高射炮阵地的位置（每次照相飞行任务均由1架配备照相机的战斗机和1架护航战斗机完成)。到了1945年，美军高射炮情报参谋会在出击前向飞行员介绍高射炮的位置，并推荐进出航线。在打击地面目标时，美军航母会首先从距离海岸60—70海里处派遣战斗机，再对目标发起攻击。虽然上述距离可以确保打击连续性，但也可能让特混舰队遭遇反击。对海上目标的打击距离受许多变量的影响，但通常情况下该距离为200—250海里——如果确定存在风险，上述距离还可以进一步增加。一次远程打击任务可能持续四个小时，理想情况下舰队可在日落前收回所有飞机。和关于菲律宾海海战的谣言①不同，根据规定，无论敌方的威胁程度如何，美国航母一定会为返航的飞行员开灯照明——如果战术情况不允许，美军根本就不会在天色渐晚时出击。

这张拍摄于1942年6月的照片，展示了"约克城"级航母"大黄蜂"号（CV-8）的一些作业细节。飞机降落后，会被推到舰首的"一号飞行区"，以便空出舰尾的"三号飞行区"，让其他飞机能顺利降落。在照片中我们可以看到，航母的甲板中部设有阻拦网，舰尾有1架刚降落的飞机，航母的后方还有1艘救援驱逐舰。从海面情况可以判断，"大黄蜂"号正在迎风航行。这张照片出自传奇导演约翰·福特（John Ford）在1942年拍摄的纪录片《中途岛海战》(The Battle of Midway)。(盖帝图像有限公司供图)

1944年的相关文件规定，在攻击机全部出击时，航母至少应派遣60%的战斗机进行护航。经验表明，战斗机保卫航母的最有效的方式不是组成大型战斗空中巡逻队，而是确保打击行动的成功。无论打击规模如何，美军至少会投入16架护航战斗机——哪怕轰炸机只有1架。在一般情况下，每个轰炸机分队（6架轰炸机）

---

① 译者注：菲律宾海海战即马里亚纳海战，按照一些说法，由于害怕遭到日本潜艇攻击，美军航母最初未给夜间返航的机群开灯，导致大量美军飞机因为燃料耗尽而坠海。

都会配备1个专门的护航战斗机分队（4架战斗机）。

每个战术分队需在起飞后立即集合。在接到"紧急攻击"（Urgent Attack）命令时，一半的护航战斗机会先起飞，而各轰炸机分队应立即向目标前进，并在沿途完成集合——首个轰炸机分队必须得到战斗机护航。在接到"正常攻击"（Normal Attack）命令时，所有分队应迅速在航母周围集合，然后立刻出发（不用等待后续命令）。在接到"待命攻击"（Deferred Attack）命令时，所有分队应先集合成1个攻击机群再出发。至于"搜索攻击"（Search Attack）命令，则仅适用于只知道目标大致位置的情况：搜索分队会先紧急出动，然后攻击机群将沿大致搜索路线前进，并在距离目标约三分之二的路程处盘旋（等待接触报告）。

升空后，训练有素的航母航空兵大队可在20分钟内集结完毕，并向目标进发。在特混大队中，各航母上的航母航空兵大队将同时出动，并在彼此的战术支援范围内飞向目标，但会分开发动打击。轻型航母航空兵大队将受大型航母航空兵大队指挥——在出动和进攻时都是如此。每个特混大队均会指派1名航母航空兵大队指挥官担任总"目标协调员"（Target Coordinator），即整个特混大队攻击机群的最高指挥官。他将得到战斗机护航，并在两个攻击波之间保持就位。

在防御武器方面，"无畏"和"地狱俯冲者"轰炸机均配有2挺活动式勃朗宁0.30英寸口径M1919A2气冷式机枪。"复仇者"鱼雷机背部配有1挺0.50英寸口径M2机枪，机腹则配有1挺0.30英寸口径M1919A2机枪。攻击机群的队形可确保所有自卫机枪都拥有开阔射界，且所有飞机都处于可以相互支援的距离内。落单的两机或三机编队，应在遭到敌方战斗机攻击时排成横队，并保持200码的间距，以便机枪手能掩护彼此后方。如果敌方战斗机从侧面发起进攻，各机应进行交叉曲线飞行（见下文）。轰炸机四机编队应在遇袭时转换为菱形队形，五机编队则应转换为紧密的"V"形队形，其中位于两侧的飞机以较低的高度飞行。同时，各机还应降低高度，以提升速度。

1945年，为干扰敌方雷达，美军飞机经常从机枪塔通风口抛出成捆的锡箔纸或纸条。这些被称为"窗口"的锡箔纸或纸条，长约18英寸。为对付高射炮，飞行员可以突然改变飞机的高度和航向——这种方法最简单有效，但飞行员应避免因动作过于激烈而导致飞机降低速度。队形紧凑的小分队比多梯队大编队更难被敌人击中。在实施轰炸或扫射时，各机不得采用相同的下降航线——尤其是从云

美军"独立"号航母上的1名SBD"无畏"俯冲轰炸机后座机枪手（照片拍摄于1943年4月30日）。他操纵的是1挺双联装0.30英寸口径勃朗宁机枪。在入伍后，这些机枪手将在新兵训练营等地点接受9个月训练，并获得空对空射击和无线电操作资质。1944年，"无畏"俯冲轰炸机开始从"独立"级航母上退役。（维基媒体供图）

层缺口中下降时。友军战斗机的主动扫射是抵御自动防空武器的最佳手段。

战斗机战术

战斗机中队的主要任务是通过战斗空中巡逻或护航来保卫己方部队，次要任务是实施进攻，通过扫荡、突入、轰炸和火箭打击等方式，攻击敌方空中、水面和岸上目标。

1941 年 7 月，美国海军重组了战斗机中队。经调整，每个中队均下辖若干四机分队，而每个分队又可以细分为两个双机小队。在二战中，美军将这种安排视为战斗机的最佳编组形式，并将四机分队视为投入作战任务的基本单位。

在空战中，战斗机应尽可能保持速度和高度（但飞行员有时只能二选一）。美国海军很重视空战射击训练，尤其是偏转射击（即把握提前量，从特定角度朝目标前方某处开火）训练。吉米·弗拉特利（Jimmy Flatley）海军中校表示："你必须瞄准空中的某个点——子弹轨迹与敌机航迹的交汇处。"熟练掌握偏转射击技能可以让海军战斗机飞行员从敌人意想不到的角度发起进攻，从而极大提高击杀成功率，并减少敌机反击的可能性。美国海军战斗机配有 Mark 8 反射瞄准具，这种瞄准具由电能驱动，可以帮助飞行员计算偏转角。飞行员只需把发光准星套在敌机上，该瞄准具就会明确指示射击提前量。理想情况下，飞行员应在 100—200 码的距离内向敌机开火（最大射击距离不应超过 400 码，最小射击距离不应低于 50 码——否则可能会与目标相撞）。

战斗机可以从目标上空 2000 英尺处发动高速俯冲攻击，并凭借俯冲获得的动能快速脱离，从而避免与敌方缠斗。美国海军战斗机的基本进攻战术是"包夹"（Bracketing）——让战斗机小队或战斗机分队从较高处迎面攻击敌机，此时无论敌方选择朝哪一侧转向，都会将尾部暴露给另一侧的美国海军战斗机。如果目标沿直线飞行，美国海军战斗机就会从两侧同时发动进攻。执行包夹战术的小队应并排飞行，以便在攻击和脱离时相互掩护。1941 年，海军第 3 战斗机中队的"吉米"萨奇少校"开发"了一种名为"萨奇剪"的防御战术，该战术要求两机并排飞行，从而应对据称性能优于 F4F"野猫"的零式战斗机（参见本书第 100 页）。这种战术在中途岛海战中首次得到有效实践，并在整个战争中被众多飞行员和战斗机分队所采用。

战斗机护航战术是"萨奇剪"的"改进版"，该战术要求战斗机分队在打击

本照片拍摄于"埃塞克斯"号航母上,照片中的人是第15航母航空兵大队指挥官戴维·麦坎贝尔中校。他的座驾是F6F-3"地狱猫"战斗机"明希3号"(Minsi Ⅲ),机身上可见30面象征战果的太阳旗。麦坎贝尔是二战时美国海军的战斗机飞行员王牌,总共确认击落了34架敌机——仅在1944年6月19日和10月24日,他便分别击落了7架和9架敌机。当时,航母航空兵大队指挥官大多驾驶轰炸机,但麦坎贝尔却是首批驾驶战斗机的指挥官之一——到1945年,几乎其他所有指挥官都开始效仿这一做法,并且也像麦坎贝尔一样为座机配备了2部无线电,以便与部下通信。(盖帝图像有限公司供图)

机群两侧就位，并不断交叉曲线飞行，以观察各个方向。随着护航战斗机的数量增加，新加入的飞机将在打击机群两侧更远和更高处就位。1944年，美国海军建议的最低护航兵力为：18架轰炸机配16架战斗机；36架轰炸机配24架战斗机；72架轰炸机配48架战斗机；144架轰炸机配96架战斗机。

在护航行动中，战斗机需保持"位置优势"（即占据高度优势）和"内线位置"（即位于敌机与目标之间，或者位于敌方撤退路线上）。1944年11月版《美国舰队现行战术指令和条令》指出："经验告诉我们，战斗机必须紧密配合，这一点尤其重要……战斗机必须处于支援或被支援状态。每架飞机都是无形链条的一部分。如果有飞机试图俯冲离开，无论是为了躲避敌人，还是为了追击目标，只要其破坏了这一链条，就会削弱机群的整体力量。"当时，有部分美军飞行员会跟着被击落的敌机下降，以便确认战果，但美国海军王牌飞行员戴维·麦坎贝尔中校（David McCampbell）却禁止飞行员如此行事，因为此举会让他们"失去宝贵的高度，并打乱整个队形"。此外，麦坎贝尔还让麾下的"地狱猫"飞行员把6挺0.50英寸口径机枪的弹道交汇点设在1000英尺处，从而使子弹能集中落在1个面积相对较小的圆形区域内。日本飞机没有装甲，也没有自封油箱，所以麦坎贝尔指出："我们很早就知道，如果你击中日本飞机的翼根附近，即油箱所在位置，这些飞机就会在你面前爆炸。"

扫射和火箭攻击

如果战斗机不用执行护航任务，就应在轰炸机或鱼雷机发起攻击前扫射目标。1944年11月版《美国舰队现行战术指令和条令》指出："战斗机的扫射攻击对舰船和岸上设施破坏极大，并且会打击敌方士气……应动用不参与护航的战斗机发起扫射攻击，并以支持轰炸机和鱼雷机投弹为主要目标。扫射攻击应在主攻前夕进行，如果敌军屏护舰船试图抵抗，就应对其实施集中扫射，否则就应扫射主要攻击目标。"

扫射攻击不仅可以压制暴露的火炮阵地，使驱逐舰瘫痪，对电台、雷达和弹药库造成永久破坏，还是"摧毁地面飞机的最有效的方法"。如果目标防御严密，实施扫射攻击的战斗机应从1500英尺的高度拉起，这能使其在700—800英尺的高度重新开始爬升。机场扫荡通常都是主要任务，在此期间，美军战斗机还会向目标发射火箭弹。在此类行动中，战斗机将分成若干分队，并在不同高度巡弋，其中位于最低空的分队将在高空分队的掩护下扫射机场，并发起火箭弹攻击。某个分队对一个机场实施扫射攻击后，就会前往下一个目标机场，然后高空分队将依次下降到一定高度，并重复上述过程。如果20分钟后仍没有敌方战斗机干扰，原先在最高处提供掩护的分队将单独扫射机场，然后向下一波实施扫射攻击的战斗机报告扫射情况。但需要指出的是，在扫射地面飞机时，目标摧毁情况往往很难判断，而且各方经常重复计算战果。

在空袭菲律宾期间，为了使当地机场全天瘫痪，萨奇提出了一种绰号为"大蓝毯"（Big Blue Blanket）的"三波次打击模式"。具体而言就是，在第38特混舰队中，每艘航母都将发起3次规模较小的攻击（这将让多达1000架飞机轮番攻击目标），而不是像之前一样进行2次"全甲板出击"。在此期间，昼间打击战斗航空巡逻队将随时压制指定机场，同时，执行攻击任务的战机会分散开来，以便攻击多个机场，并令敌人只能在2次打击之间获得10分钟的喘息时间。在清晨和黄昏时分，负责夜间作战的航母会派战机发起代号为"封口者"（Zipper）的扫射攻击，不给敌人留出一点间歇时间。另外，这些航母还会派出所谓的"喧闹者"（Heckler），让敌人在夜间也无法入睡。

二战中期，航空火箭弹得到了快速发展。美军每架"地狱猫"战斗机可携带6枚火箭弹，而"海盗"战斗机、"地狱俯冲者"轰炸机和"复仇者"鱼雷机则可携带8枚火箭弹。攻击开始时，这些战机将从4500英尺的高度开始俯冲（俯冲角应为20—35度），在1500—1000英尺的高度发射火箭弹，并在1000—800英尺的高度拉起。由于战斗机不能用机枪为火箭弹测距，因此发起火箭攻击往往比用机枪扫射需要更多的技巧。

1944年1月，美军的3.5英寸FFAR火箭弹["FFAR"是"前射火箭弹"（Forward Firing Aircraft Rocket）的首字母缩写]首次投入实战。该火箭弹的时速高达1045英里，虽然其弹头难以摧毁坚固的目标，但却可以用于攻击潜艇。之后，美军又推出了5英寸FFAR火箭弹——该火箭弹的弹头更重，不过速度只有3.5英寸FFAR火箭弹的一半。后来，美军推出的后继改进型产品——5英寸HVAR火箭弹["HVAR"是"高速机载火箭弹"（High Velocity Aircraft Rocket）的首字母缩写。该火箭弹又名"神圣摩西"（Holy Mose），是二战中最成功的火箭类武器]——的飞行速度达到了935英里/时。1架"海盗"战斗机最多可挂载8枚HVAR火箭弹——此时，该战斗机将拥有相当于1艘驱逐舰主炮齐射的投送火力。1944年8月,"神圣摩西"被投入战斗,随后该火箭弹大放异彩,美军甚至还用其击沉过1艘日本驱逐舰。

1944年,美军还推出了"小提姆"(Tiny Tim)火箭弹。该火箭弹长10.5英尺,直径为11.75英寸,不仅反舰威力极强,还能在敌方防空火力射程外发射。"小提姆"火箭弹配有半穿甲弹头(内有148.5磅重的高爆炸药),最大射程为1600码,但不如HVAR火箭弹轻便和精准。1945年3月,"富兰克林"号因伤退出战争,其中一个原因就是该舰上的"小提姆"火箭弹在弹药库内殉爆。此后,只有"无畏"号航母继续列装"小提姆"火箭弹(列装时间也非常短暂)。

轰炸

轰炸机中队负责执行下列攻击任务:俯冲轰炸、小角度俯冲轰炸、低空轰炸、雷达低空轰炸(夜间)和复合轰炸(从中空和高空同时进攻)。轰炸机中队负责执行的非攻击任务则包括空中校射和观察、巡逻(包括反潜巡逻和反鱼雷机巡逻)和施放烟幕等。

1944年11月版《美国舰队现行战术指令和条令》强调:"如情况允许,我方应尽早使敌方所有航母瘫痪。在确定出动兵力和分配攻击目标时,我方必须确保之前的安排足以破坏敌方所有航母的飞行甲板,使敌方无法起降飞机。如果是攻击岸基设施,则必须首先摧毁敌机,之后再使机场瘫痪……一旦敌方空中力量被彻底摧毁,我方应集中力量击沉敌舰,或使其完全瘫痪……实际分配将取决于具体形势……不要让18架轰炸机全部打击1艘航母,而对其他航母置之不理,这是一种愚蠢的行为。"

美国海军俯冲轰炸机一般会从20000—30000英尺的高度接近目标,并在距目标10海里处开始小角度下降,进而发起进攻。如果目标已被轰炸机群纳入攻击范围,敌方战斗机将很难挽回局势(除非拥有巨大的数量优势)。俯冲轰炸机的队形必须能随时收拢,以在便于防御的同时,又能灵活机动。为减轻防空炮火带来的威胁,领队长机可以在靠近目标至最后俯冲时进行一些小角度转弯。但总体而言,高射炮对俯冲轰炸机的影响有限。在高度为12000—15000英尺且与目标水平距离0.75—1.5英里时,俯冲轰炸机将减小油门,放下俯冲制动襟翼,以70度角和275英里/时的速度进行俯冲。在此期间,俯冲轰炸机应克服一切不利因素,一直坚持到底。1944年11月版《美国舰队现行战术指令和条令》指出:"如果遭遇战斗机反击，俯冲轰炸机应保持紧密编队，直到最后拉起……在俯冲开始时，敌方战斗机将不会构成重大威胁。（一旦我方放下俯冲制动襟翼）敌方战斗机就会猝然错失目标，其射击精度自然也不会特别高。"

在"邦克山"号上，飞行甲板主管穿着强风作业套装，准备向下挥动方格旗，提示一架"地狱俯冲者"（来自美国海军第 84 俯冲轰炸机中队）可以起飞。本照片拍摄于 1945 年 2 月 16 日，当时，这架"地狱俯冲者"准备飞往东京——次日，它将跟随第 84 俯冲轰炸机中队轰炸当地的一家飞机制造厂，并对其发射火箭弹。根据 1944—1945 年的官方规定，在轰炸地面目标时，美军飞机应遵循下列优先顺序：地面飞机；舰船及其维修设施；燃料和弹药库；飞机维修设施和机库；无线电和雷达设施；兵营和宿营地；运输设备和车间；防空设施；跑道。（美国国家档案馆供图，图片来自"阿斯托利亚"号巡洋舰保护协会）

美军规定，攻击一开始就不能中断，前几枚炸弹就算没有命中目标，也会挫伤敌人士气。在纵队中，各飞机应保持 400 英尺的间距，后续飞机的高度需略微顺次降低。俯冲投弹时，大多数炸弹落点都是沿航向分布的，其偏移方向大都是纵向而非横向，因此在俯冲时，轰炸机最好对准敌舰的中轴线，而不是与敌舰航向垂直——这样做也更容易对炸弹落点的纵向偏移进行修正。至于横向偏移，轰炸机只能在俯冲时轻微修正航向，如果动作过大就会影响投弹。在俯冲投弹时，攻击机群最好排成单纵队，而非多个纵队。因为经验表明，单纵队攻击的命中率更高，而且会让对手更难防御。在实施单纵队攻击时，炸弹会以2—8秒的间隔持续落下，不仅对敌方士气影响很大，还能让敌方炮手手足无措，不知该攻击哪个目标。美军规定，投弹高度应为2000—1500英尺，即俯冲30—35秒后就要投弹。炸弹将在投放3秒后命中目标。随后，各机应小角度拉起，并从多个方向高速（俯冲）撤退，以避开敌方的防空炮火。在此期间，轰炸机不应试图恢复高度。

携带炸弹的鱼雷机和战斗机（战斗轰炸机）主要采用小角度俯冲轰炸，即以较平缓的45—55度角俯冲。有时，俯冲轰炸机也会采用小角度俯冲轰炸，尤其是面对下列情况时：云层高度不足6000英尺；没有时间爬升到指定高度；需对

1944年，SB2C "地狱俯冲者" 开始取代SBD "无畏"，成为快速航母特混舰队的标准俯冲轰炸机，但在1945年之前，"地狱俯冲者" 的表现却不如 "兼职" 的 "海盗" 战斗轰炸机。照片中的战机机身上有三色迷彩：顶部为海蓝色，侧面为蓝灰色，底部为白色。这种迷彩在轰炸机上一直使用到1944年10月，而战斗机从1944年3月起就不再使用该迷彩（战斗机顶部和底部的迷彩已全部改为鲜亮的海蓝色）。最初，SB2C "地狱俯冲者" 备受技术问题困扰，并不受机组人员欢迎，有人甚至说SB2C是 "二等杂种"（Son-of-a-Bitch 2nd Class）的简称。二战期间，"地狱俯冲者" 击沉的日军舰艇总吨位超过了其他机型。（"二战数据库" 网站供图）

目标进行多次俯冲；攻击潜艇；夜间轰炸。小角度俯冲轰炸的特点是不使用俯冲制动襟翼，投弹高度为 1500 英尺，拉起高度为 1000 英尺。

低空（水平）轰炸适用于"天气不适合俯冲或小角度俯冲轰炸，但仍可在目标附近获得一定高度时"。例如，如果目标被云层遮盖，但周围天气晴好，"此时，飞机可以获得高度，利用云层掩护做小角度下降，然后发动低空高速水平轰炸"。

1944 年，SBD-5"无畏"轰炸机可携带 1 枚 1600 磅重的炸弹，SB2C-4"地狱俯冲者"轰炸机、TBM-3"复仇者"鱼雷机、F6F-5"地狱猫"和 F4U-1D"海盗"则均可同时携带 2 枚 1000 磅重的炸弹。另外，"地狱俯冲者"轰炸机还可换装 1 枚 2000 磅重的炸弹。这些炸弹以通用炸弹或穿甲炸弹为主，此外还有用于反潜巡逻的深水炸弹。1944 年 3 月 30 日—31 日，第 58 特混舰队还派出"复仇者"鱼雷机对帕劳（Palau）实施过水雷封锁，并在此期间使用了 1048 磅重的水雷。不过，由于米切尔并不看好水雷，因此第 58 特混舰队之后几乎放弃了布雷行动。1944 年中期，美军发明了凝固汽油弹（其内部装有凝胶状汽油）。尽管该炸弹会在空中翻滚，从而导致准确度欠佳，但它会在其落点周围 25000 平方英尺的区域里造成毁灭性打击——炸弹落点周围会先剧烈燃烧 1 分钟，再闷烧 10—15 分钟。事实证明，凝固汽油弹对打击敌军工事和人员而言非常有效。

鱼雷攻击

长期以来，美国海军一直对利用舰载机实施鱼雷攻击持怀疑态度：因为鱼雷不仅价格昂贵、结构复杂、投掷困难，而且其弹头重量相对较轻（只占鱼雷总重量的一小部分）。到 20 世纪 30 年代，美国海军甚至准备完全放弃航空鱼雷（"突击者"号最初甚至没有鱼雷弹药库）。最终，美军只是在每艘航母上象征性保留了 1 个鱼雷机中队，以作为对付战列舰的保险措施。

战争期间，美军 TBF"复仇者"鱼雷机装备了 Mark 13 Mod 1 鱼雷。该鱼雷于 1940 年列装部队，重量为 2216 磅，在 33.5 节的航速下的最大射程为 6300 码，其弹头中有 600 磅重的铝末混合炸药。根据美军相关条令，为消除干扰，确保鱼雷机能顺利投弹，友军应首先发起俯冲轰炸和扫射攻击，消灭目标舰船上的高射炮。但实践证明，这种要求完全不切实际。另外，在 1942 年，Mark 13 鱼雷只能由鱼雷机在 50 英尺的高度以 125 英里 / 时的速度投放，而 TBD"毁灭者"鱼雷机在中途岛的彻底失败和惨重损失表明，这一做法实际上等同于自杀。中途岛海战之后2年，美国海军几乎再也没有对防御严密的目标发起过航空鱼雷攻击（例如在菲律宾海海战中，第58特混舰队仅消耗了12枚鱼雷）。1944年下半年，美军开始为Mark 13鱼雷安装临时稳定尾翼、阻力罩和环形保护罩。这些装置可以减缓鱼雷的下落速度，并使鱼雷机能以270千米/时的速度，在2400英尺的高度投放鱼雷，从而为攻击防御严密的目标创造了可能性。在战争的最后1年，美军鱼雷机击沉了日军超级战列舰"武藏"号和"大和"号。在整场战争中，美军使用Mark 13鱼雷共发动过1287次攻击，其命中率最终达到了40%——但需要指出的是，其中很多攻击目标是停泊或受损的舰船，攻击这些目标的命中率自然要比攻击机动舰船的命中率高得多。

1个格鲁曼TBF"复仇者"分队正在进行鱼雷攻击练习。1943年，由于Mark 13鱼雷的性能糟糕，美国加利福尼亚理工学院（California Institute of Technology）进行了一项深入调研，这项包含了4300次空投试验的研究，揭露了许多问题，比如传统的"低空慢速空投"思路（如照片所示）会导致水平入水的鱼雷因严重拍击而受损。到1944年底，通过改进操作和升级鱼雷，美军鱼雷机投放鱼雷的高度和速度已大幅提升，其表现和存活率也有所改善。（盖帝图像有限公司供图，图片编号615312280）

这张照片中的是 Mark 13 鱼雷在 1944 年晚期时的形态。此时，该鱼雷已接受了大量改装。值得注意的是，这枚 Mark 13 鱼雷的头部装有一个被称为"泡菜桶"的环形保护罩，该保护罩由胶合板制成，可以减缓鱼雷的下落速度，稳定下落姿态，并在入水时吸收冲击力，从而保护鱼雷内部的精密机械。这枚鱼雷的尾部安装有箱形尾翼，该尾翼可以极大减少 Mark 13 鱼雷入水后的横摇、震动和突然横转等问题。在 1945 年年初的一次测试中，美军从 5000—7000 英尺的高度投放了 6 枚改进型 Mark 13 鱼雷，其中 5 枚都可正常启动发动机，而且航行方向正确，引爆功能也没有问题。（美国海军供图）

　　为对防御严密的目标发动鱼雷攻击，美军一般会先进行俯冲轰炸（见本书第 103 页）。随后，鱼雷机将从前方接近目标。一旦发现敌人，鱼雷机将全力加速，以减少敌方战斗机干扰，并避开外围警戒舰艇。如果飞行员始终能以大夹角高速接近目标，就将很难受到高射炮火影响。"复仇者"通常会在 800 英尺的高空以 300 英里/时的速度投放鱼雷，并在此期间进行小角度俯冲（见本书第 107 页）。被投放的鱼雷将在 7 秒内"飞行"3000 英尺后入水，随后它还要在水中航行 1200 英尺才会打开引信保险——这也意味着飞机必须在预定命中点 4200 英尺外投放鱼雷。由于鱼雷从投放到命中至少需要 22 秒，因此各机必须周密协调、妥善把握时间，才能让鱼雷尽可能同时抵达目标。

夜间攻击和拦截

美军具备在夜间和恶劣天气开展空中作战的能力，这为美军带来了显著的优势，例如：有助于保护舰队、攻击临机目标、昼夜不停地攻击和使敌方机场瘫痪，以及令敌方高射炮炮手彻夜不眠等。另外，夜间攻击相对不容易遭到敌方战斗机或防空火力攻击，己方战机有机会乘虚而入，在更靠近目标处投放炸弹或鱼雷。

夜间攻击通常会由一两个四机分队负责实施。如果月光昏暗，美军会用降落伞照明弹照亮主要目标，照亮方式有两种——直接照明（让目标比周围环境更亮）和

一架格鲁曼 F6F-5N "地狱猫"夜间战斗机（照片拍摄于 1944 年或 1945 年）。该机有 2 门 20 毫米机炮（每 15 发炮弹就配有 1 发曳光弹），右侧机翼装有 AN/APS-6 型雷达吊舱，排气管和机炮均配有消焰装置。美国一共生产了 1189 架 F6F-5N "地狱猫"（该型号的飞机于 1945 年年底停产）。（维基媒体供图）

轮廓照明。在执行照明任务时，1架飞机将在目标前方不远处和上风处往返飞行，并从1800英尺的高度连续释放降落伞照明弹。夜间攻击的具体方式大致有3种：在雷达引导下实施低空轰炸；在照明弹引导下实施小角度俯冲轰炸；在照明弹引导下实施鱼雷轰炸。

在夜间，美军一般会利用配备雷达的战斗机拦截敌机，但有时，没有配备雷达的战斗机也有可能借着明亮的月光成功拦截敌机。一般来说，美军会先用舰载雷达将夜间战斗机引导到距离敌机仅几英里处（通常是在目标后下方2英里处，这一位置既利于夜间战斗机进行雷达探测，又利于飞行员进行目视观察）。通常情况下，美军会为每个双机小队分配1个甚高频通信频道。一旦雷达发现目标，夜间战斗机就应尽快完成拦截。这些夜间战斗机将逼近至距目标半英里处，并降低速度，与敌人保持5—10英里/时的速度差，从而避免飞过目标。虽然可以在通过雷达发现目标后便立刻射击，但飞行员大多还是会先进行目视确认。一般来说，飞行员在进行目视确认时会使用夜视望远镜，或者打开驾驶舱盖以改善视野。

海空救援

执行任何空袭行动都难免损失飞机，因此美国海军一直极为重视营救幸存者。海空救援行动不仅可以拯救宝贵的机组人员，还有助于保持士气，并让飞行员更具进攻精神。米切尔海军上将解释说："培养1名飞行员只需要花费5万美元，但千万不要对飞行员这么说……他的信心（和）攻击决心决定着我们的作战效率。这样的优秀飞行员可不便宜。"1944年6月13日，隶属"企业"号航母的威廉·马丁（William Martin）中校驾驶的战机在塞班岛附近被敌人击落。他的降落伞漂浮在水面上，被后续攻击机群发现了。这些友机随即轰炸了降落伞附近的敌方目标，并将中校落海的消息传回舰队。然后，负责炮击塞班岛的战列舰和巡洋舰都接到了一条命令："把炮弹打得远一些，不要让它们落进马丁中校坠海的区域。"

在攻击被敌方占领的岛屿期间，落海的飞行员会利用环礁周围的低矮珊瑚礁来躲避敌军。如果身处敌军观察范围之外，飞行员还可给救生筏充气。在此期间，航母会派遣临时小队来搜寻失踪的机组人员，并在必要时为其提供保护。落水的飞行员会用各种方法（如用镜子反射阳光等）来给执行搜救任务的友军发信号。搜救人员一旦发现目标，就会从飞机上投下1个救生筏，以使落水飞行员知道自己已被友军看到。

在远程海上任务中，营救被迫跳伞机组人员意义重大。本照片拍摄于 1944 年 5 月 1 日，拍摄地点靠近日本占领的特鲁克。照片中是 1 架来自"北卡罗莱纳"号战列舰的 OS2U"翠鸟"水上飞机，正在滑行穿过潟湖，但由于机上至少搭载有 9 名获救的机组人员，因此无法起飞。最终，这架"翠鸟"将获救者转移到了美军搜救潜艇"刺尾鱼"号上。在另一些情况下，水上飞机虽然不会搭载这么多人，但需要冒着日军炮火起飞。"企业"号的威廉·马丁中校报告称，日军高射炮火经常追不上美军舰载机，但在塞班岛附近营救他的 SOC"海鸥"水上飞机则不同，由于该机速度太慢，导致日军炮火经常打到该机前方。（维基媒体供图）

空中搜救任务将由战列舰或巡洋舰上的水上飞机负责执行，这些飞机会尽快降落并接回落水的飞行员。在将落水的飞行员救上水上飞机后，搜救人员会用随身携带的武器射击前者遗留的降落伞和救生筏，使其沉没（可避免友军误以为还有人需要救援）。在航程允许的情况下，位于港口基地的飞艇式水上飞机 [如 PBY"卡塔琳娜"和 PB2Y"科罗纳多"（Coronados，绰号"小飞象"）] 也会执行搜救任务。

搜救潜艇

在 1943 年 9 月，第 15 特混舰队攻击马库斯岛（Marcus Island）期间，美军成立了一个"救生联盟"。美国海军首次用潜艇搜救飞行员是在 1943 年 10 月 7 日或 8 日，当时，"鳐鱼"（USS Skate）号（SS-305）潜艇在威克岛附近海域救起了 6 名美国海军飞行员。一般情况下，搜救潜艇会在既定攻击目标附近提前就位，并将自己的位置通报给飞行员。一旦有飞行员需要营救，这些潜艇就会浮出水面。1944年，在特鲁克外海执行搜救任务的"刺尾鱼"（USS Tang）号（SS-306）潜艇，在近距离空中支援的掩护下营救了22名落水飞行员。从此之后，搜救潜艇就有了自己的"跟班"——"潜艇战斗空中巡逻队"（SUBCAP）。有时，搜救潜艇还会在水下冒着被日军炮火击中的危险施展"潜望镜拖曳"绝技，即让飞行员抓住潜望镜，把他们拖到敌方火力射程之外（此举难度极大，并且有可能需要重复多次）。截至1945年8月，搜救潜艇共营救了521名盟军飞行员，其中262人来自美国海军。

本照片拍摄于1944年。美国海军的"刺尾鱼"号潜艇正在营救落水飞行员。最终，该潜艇一共救起了22名"落汤鸡"（Zoomies）——在潜艇巡航期间，这些飞行员将被迫留在艇上。美国海军太平洋地区的潜艇部队指挥官查尔斯·洛克伍德（Charles Lockwood）海军中将指出，这些营救飞行员的行动绝非"小菜一碟"。在由潜艇执行的搜救任务中，最有名的获救者是乔治·布什（George H.W. Bush）中尉，他当时被编入第51鱼雷轰炸机中队，于"圣哈辛托"号（CVL-30）轻型航母上服役。1944年8月1日，他在跳伞后被潜艇"长须鲸"（USS Finback）号（SS-230）救起。后来，他成了美国第41任总统。（维基媒体供图）

典型案例："大露营"行动，1945年2月16日—17日

美军要求部队必须在两栖作战之前建立起局部制空权。这意味着美军快速航

母必须抢先行动，对有可能妨碍登陆的日军机场发动大规模打击。1945年2月19日，美军发起"分遣队"行动（Operation Detachment），试图登陆硫磺岛。而早在几天前（2月16日—17日），美军快速航母就发起了"大露营"行动（Operation Jamboree），试图攻击东京附近的机场。

由于增援和轮换制度，第58特混舰队麾下有许多航空大队从未在东京上空作战。米切尔为此专门发布了一份备忘录，提醒机组人员不要忘记基本训练。这份由米切尔的空中行动主管吉米·弗拉特利海军中校撰写的备忘录，简明扼要地总结了美国海军1945年2月的基本攻击条令。

弗拉特利指出，虽然日本的战斗机飞行员缺乏经验，但他们会为守卫东京拼尽全力。尽管美军飞行员更为训练有素，但他们最好利用日本飞行员技术欠佳和过于急躁的弱点，保持镇定和纪律，展开团队作战，并遵循现行条令。而且，美军应先派遣战斗机用火箭弹攻击当地机场，以"削弱日军战斗机的实力"，之后再用俯冲轰炸机和携带炸弹的鱼雷机轰炸日军的地面目标。在这份备忘录中，弗拉特利专门提醒战斗机飞行员："你们的飞机性能在各方面都优于日本飞机。敌军可能比你们更害怕。"此外，他还要求战斗机飞行员积极与对手交战，"仅在处于劣势时才采取防守战术"。

虽然某些文件指出，日军已比较了解"萨奇剪"战术，但弗拉特利认为，如果飞行员能做到小心谨慎，并保持突然性（如避免战术运用过于"规律"），这种战术仍可以奏效。弗拉特利表示，一旦有大量日军战斗机在后方和上方集结，美国飞行员应"等到敌方投入攻击时再运用此类战术。此外，飞行员不应让飞机进行90度转弯，而应让飞机完成180度或360度的转弯。从而彻底甩掉对手"。弗拉特利还告诫战斗机飞行员：在最初发现敌机时，要"克制冲动，避免下意识行事"；小队长机应该与所在分队指挥官协调行动；僚机应"跟随小队长机，绝不离开"。

此外，弗拉特利还指出："事实证明，如果战斗机中队能协同作战，就能对付四倍于己的敌军。"他认为：在爆发"大规模混战"时，所有战斗机应大致留在同一空域内，"各个小队保持队形，相互朝其他小队后方的敌军开火"；一旦敌机四散逃窜，战斗机应避免单独俯冲追击，而是应整个编队一同行动；在俯冲追击敌机之前，美军战斗机应提防位于同一高度或更低处的诱饵，并且"一定要在俯冲前看清上方、前方、后方和两侧"；在对敌机发起俯冲攻击时，如果对方突然急速拉起，导致我方未能命中目标，切忌尾随敌机，而是应利用俯冲的速度拉开距离，然后再爬升重返战斗。

当时，有某些文件曾提到，战斗机应当"扫清周围空域，重新编队，寻找更多目标"。而且，一些战术指令还这样鼓励飞行员："如果战机的速度始终在160节以上，你就能获得不少战果，并顺利返回基地。战机的燃料完全能让发动机满负荷运转半小时之久……"

美军认为，如果扫射或轰炸的俯冲角大于45度，飞机必须在降至1000英尺高度前拉起。另外，飞行员应在确有把握之时才开火，且不宜连续射击6秒钟以上。美军飞行员经常被告知："漂亮的扫射就算不能点着地面上的敌机，也至少会

1945年2月，弗拉特利中校在关于"大露营"行动的备忘录中指出，在执行打击任务时，"复仇者"和"地狱俯冲者"均应排成紧密的防御队形（照片左下角为"邦克山"号航母）。随着日军发起"神风"攻击的频率不断增加，航母上的"复仇者"和"地狱俯冲者"逐渐被"地狱猫"和"海盗"所取代。此外，由于有大量战斗机护航，轰炸机和攻击机上的自卫机枪射手也沦为了"摆设"。1944年，美国航母飞行员请求研制一种单座轰炸机，这一需求在战后催生出了一种强大的战机——AD-1"天袭者"（Skyraider）。（"二战数据库"网站供图）

把它打烂。"美军飞行员还经常得到警告:"如果要反复扫射某个目标,一定要确保在一轮扫射后能撤到高射炮射程(2500码)外,而且最好能离开操作高射炮的人员的视野范围。"

美军轰炸机的攻击,总是与战斗机的扫射攻击同时进行或紧随后者实施。执行任务前,轰炸机飞行员都会接到详细的情况通报,以便根据已知的日军高射炮的位置确定接近航线。如果轰炸机必须"飞越高射炮阵地",则应"避开云层底部"。此外,轰炸机的队形应当保持紧凑,以便机枪射手相互支援,同时也便于护航战斗机为其提供掩护。美军鼓励轰炸机飞行员进行交叉曲线飞行,从而使日本战斗机难以发动进攻。

一旦发现目标,轰炸机就应迅速开始轰炸,并与前方飞机保持略微不同的俯冲角度。轰炸机在俯冲攻击时应积极主动,一鼓作气逼近目标——如果过早拉起,会使飞机与编队中的其他轰炸机分散,且很难归队。美军要求"失散且孤立无援的轰炸机寻找云层掩护,并在战斗姿态下用仪表飞行脱困,直到与看到的第一架友机会合"。攻击结束后,轰炸机应向既定退却航线或集合点返航。集合应当尽快进行,以便轰炸机利用自卫机枪相互支援。此外,轰炸机还应设法为护航战斗机提供掩护。

结　　论

　　直到 1941 年，美国海军都把快速航母当成战列舰的"跟班"。美国海军认为航母虽然前途光明，但其自身很脆弱，而且相关战术也并不成熟。因此，海军方面建议将航母作为高速袭击舰来使用（以一两艘航母为一组）。但到 1944 年，情况发生了变化，美国海军组建了 1 支拥有多达 17 艘快速航母的特混舰队。这支以航母为中坚力量的舰队，彻底支配了战场，而快速战列舰则成了航母的"跟班"。

　　引发这场军事革命的因素一共有三个。第一，在 1941 年下半年，航母舰载机在反舰弹药精确投送能力方面突然超越了战列舰，而且其打击范围是战列舰的 15 倍。第二，美国海军开发了一整套机动后勤体系，使航母从"突袭武器"进化成了能持续进行大规模战役的"进攻矛头"。到 1944 年，美军航母甚至可以在敌方水域长期行动。第三，美军在关键时刻列装了对海和对空搜索雷达，并掌握了其运用技巧。这些雷达几乎使敌方水面舰艇不可能悄然逼近，也使敌方空中力量很难突袭得手。此外，雷达还是一种重要的导航辅助手段，不仅能让舰船在任何条件下保持紧密队形高速巡航，还能集中反潜和防空火力。至于雷达引导的高射炮和近炸引信炮弹，更是大大提高了防空效率。

　　1943—1945 年的快速航母特混舰队代表了武器、技术和理论的"天作之合"。虽然历史领域长期流传着一个说法："美国海军之所以将航母定为战术核心，不过是因为战列舰在珍珠港事件中损失惨重，导致海军别无选择而已。"但这种说法完全是无稽之谈。事实上，快速航母特混舰队的组成要素早在 1941 年便已开始"孕育"。快速航母特混舰队是工业时代的产物，也是强大生产力在技术和组织领域的终极成果。经过战时的艰苦摸索，美军最终将人员和装备等"原材料"熔铸在一起，打造出了一种威力强大的全新武器体系。

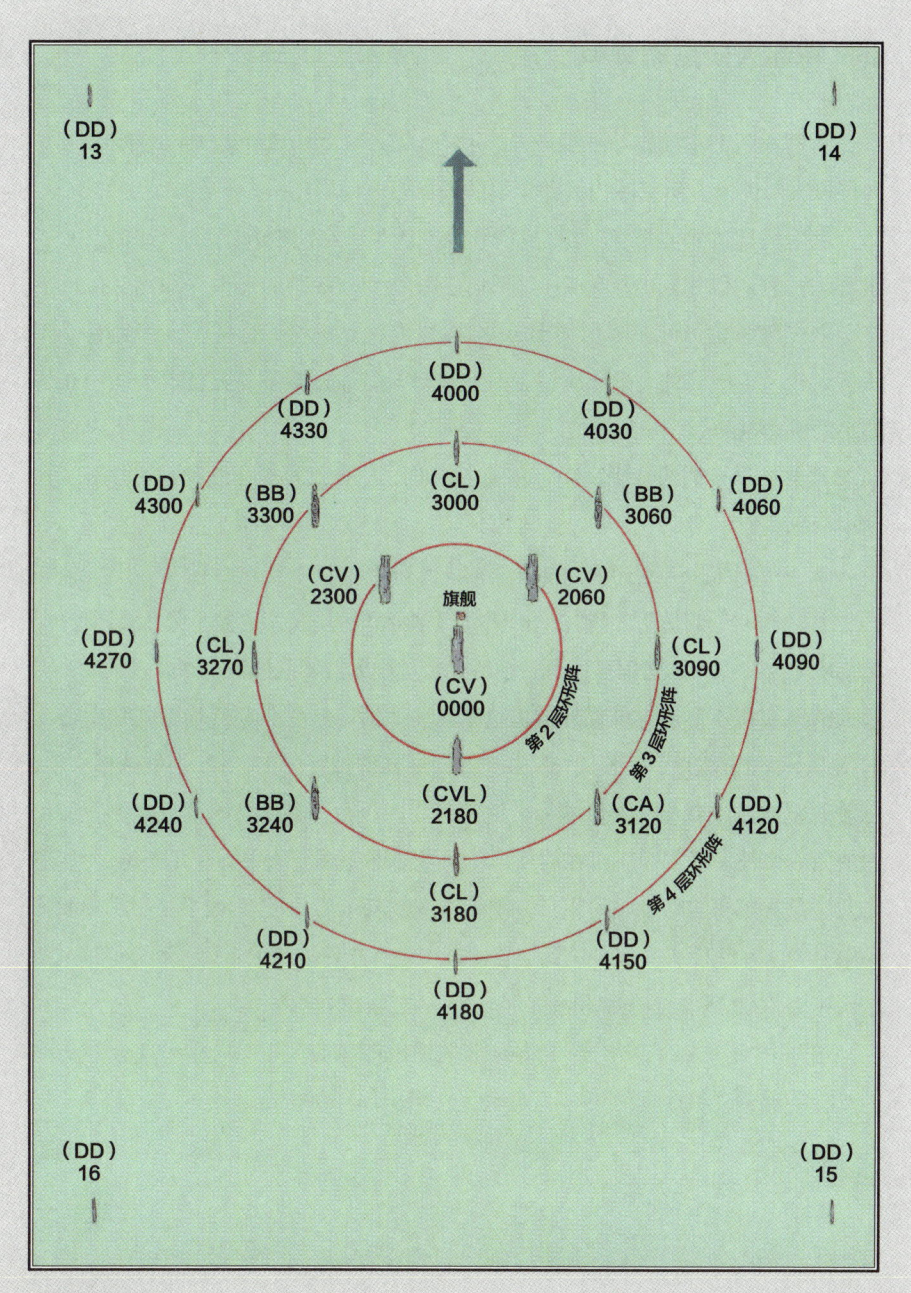

特混大队巡航阵型

特混大队巡航阵型

特混大队的主要战斗阵型——"5-V 巡航队形"（Cruising Disposition 5-V），旨在最大限度提升防空能力。整个编队的航行方向将由中心军舰决定。

特混大队的中心是 3—4 艘重型和轻型航母（在图中分别用 CV 和 CVL 表示）——它们以相同的间隔距离排列在半径为 2000 码的环形（即第 2 层环形阵）内。每艘航母可在阵位周围 1500 码以内独立机动。这样一来，当整个编队迎风转向、舰载机大批起飞时，每艘航母及其航空队都将在特混大队中获得充足的机动空间。

紧靠航母外侧的是战列舰（在图中用 BB 表示）、轻巡洋舰和重巡洋舰（在图中分别用 CA 和 CL 表示），它们位于第 3 层环形阵中，以"战列舰或巡洋舰→航母→战列舰或巡洋舰"的顺序交替排列。

巡洋舰的外侧是驱逐舰（在图中用 DD 表示）警戒幕，它们位于第 4 层环形阵。它们应根据特混大队指挥官命令，在所在雷达扇区持续监视雷达回波。最后，特混大队还会在 4 个方向设置外围雷达哨戒驱逐舰，这些驱逐舰均距阵型中心约 50 英里，即图中"13""14""15"和"16"所在的位置。在"5-V 巡航队形"中，每艘舰艇都对应着 1 个阵位编号，该编号为四位数，具体情况可见本图。编号中的第一个数字代表舰艇所在的环形阵层数（即距离舰队中心有几千码），后三个数字是舰艇与舰队中心的相对方位（以度数表示）。因此，如果一艘军舰的阵位编号为 4180（图中 6 点钟位置的驱逐舰），则意味着该舰位于第 4 层环形阵（距舰队中心 4000 码），且与舰队中心的相对方位为 180 度。

在非战斗状态下，特混大队的常见巡航阵型是"5-R 队形"（Disposition 5-R），此时驱逐舰距舰队中心约 6000 码，而不是 4000 码。

风向

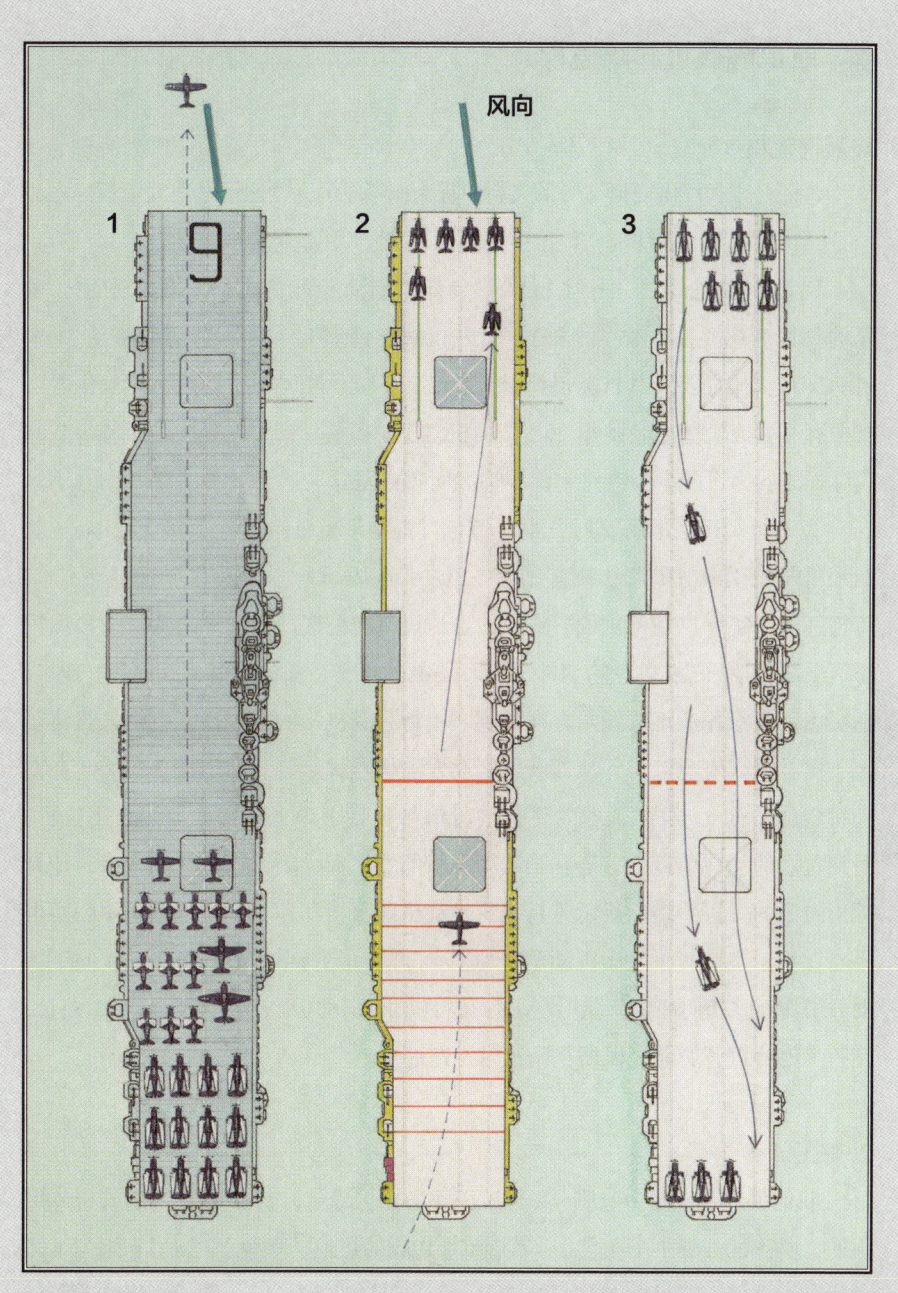

航母舰载机起降流程

93

航母舰载机起降流程

1. 起飞流程

本图是以"埃塞克斯"号的飞行甲板为例绘制的,给出了基本的甲板标志和"一号飞行区"内1架F6F"地狱猫"的起飞路线(用蓝色虚线箭头表示)。

飞机在舰尾的"三号飞行区"装弹、加油和准备飞行。在本图中,展示的是最后起飞的2架"地狱猫"(其机翼已经展开)——它们后面是11架SB2C"地狱俯冲者",其机翼仍处于折叠状态。位于舰尾处的是TBM"复仇者",其中有2架的机翼已经展开,12架的机翼还是折叠状态(在现实中,各中队的实际作战兵力可能会因维修和保养情况而存在差异)。

当飞行员还在准备室时,身着棕色衬衫的飞机机械员(Plane Captian)就启动了飞机引擎。随着指挥官副官(Flag Lieutenant)大喊:"打出信号!"航母将迎风(实际上是稍稍偏向右舷,这样风就能把舰岛烟囱中的烟雾吹离飞行甲板)高速巡航,红白色的"F"字旗(Fox)也将在桅杆横桁(Yard)上升起,这标志着飞行作业正式开始。在听到"飞行员登机"的命令后,机组人员将登上飞机,系好安全带,并从驾驶舱启动发动机点火装置(即引爆1小块装在发动机内的炸药)。身穿黄衣的飞机滑行信号员将引导飞机逐一前往起飞位置。身穿黄衣的飞行甲板主管会在第1架飞机的右翼翼尖附近就位。接下来,他将伸出左手的一根手指,指示飞行员将发动机调至半功率,然后伸出左手的两根手指,指示飞行员将发动机调至全功率。随后,飞行甲板主管会用右手向下挥动方格旗,并指向船头。这时,飞行员将松开刹车,从飞行甲板上起飞。而且,飞行员还会打开舱盖,以便在坠机时迅速逃生。

2. 降落流程

我们可以在本图中看到:2部液压弹射器(绿色,很少使用);连接机库甲板的3座飞机升降机(灰色);飞行甲板边缘的走道(黄色);炮塔和炮位(黑色线条);紧急阻拦网(Crash Barricade)和阻拦索(红色);靠近舰尾的着舰信号主管平台（位于左舷走道附近，粉红色）；1架F6F战斗机的降落轨迹（蓝色虚线箭头）；1架已降落的飞机的滑行轨迹（蓝色实线箭头）。

当"准备接机"（Stand By To Receive Aircraft）命令下达后，降落作业就会开始。飞机机械员、甲板空勤人员、轮挡员（Chock-Men）和机翼折叠员会在前方走道上就位。各种设备[如损伤飞机搬运车（Crash Dolly）、液压千斤顶、轮式小车（Wheel Dolly）、滑轮组和大量绳索]也会在舰桥和飞行甲板两侧的走道上待命，以防发生坠机。此时，舰上将升起紧急阻拦网和阻拦索。接下来，挂钩员（Hook-Release Men）和飞机滑行信号员也会各自待命。当航母发出"迎风航行"的信号后，1艘救援驱逐舰会在其后方就位。如果航母舰岛上升起绿色旗帜，代表正在进行降落作业。在该旗帜下方，相关人员会挂出甲板风速旗帜（单位为节）。在地勤人员准备就绪后，航母甲板将处于清空状态，此时飞机会收到降落信号。

战斗机发生事故的情况较少，故其可以先降落。在进场时每架飞机都要接受目视检查，即确定"挂钩放下，机轮放下，襟翼放下"。随后，航母上的工作人员会打出"甲板正常"的信号，着舰信号主管会向飞行员发出信号指令——如果其进场飞行姿态良好，着舰信号主管将发出"关闭发动机"（Cut）的信号。这时，飞行员将关闭发动机，以失速状态完成降落，并用着舰钩钩住阻拦索。接下来，挂钩员会跑出来将着舰钩从阻拦索上松开。这时，飞机滑行信号员会发出"收起尾钩"和"折叠襟翼"信号，并将战斗机移交给甲板上的下一位滑行信号员。然后，8—10名推机手会把飞机推过已放下的阻拦网，推到舰首飞行甲板处。一般来说，飞机应优先在舰首甲板左舷就位，在折叠机翼时，也是先折叠左翼。飞机停好后，工作人员会用轮挡固定机轮，用绳索将机身绑在甲板防滑钉上，并将电气设备接地。最后，飞机会迅速完成加油和装弹流程，而飞机机械员则会在驾驶舱操纵设备上固定1个约束装置，以防止大风拍打飞机控制面引发事故。

一旦阻拦网重新升起、阻拦索复位，下一架飞机就可以开始降落（不必等前一架飞机完全停稳）。第二架降落的飞机将被推到舰首右舷的角落，后续降落的飞机则会从外向内依次停放，以便迅速完成加油和装弹流程。如果预计有多个打击机群返航，地勤可将降落的飞机推至舰首升降机处，将其送回机库。

3. 重新就位，准备起飞

在本示意图中，TBM"复仇者"完成了加油和装弹，正被拖着经过舯部"二号飞行区"前往舰尾，为下一次起飞做准备。值得一提的是，"埃塞克斯"级航母的甲板上最多可并排停放5架飞机。

"B" 攻击波　　　　　"A" 攻击波

1

"B" 攻击波　　"A" 攻击波

2

"A" 攻击波　　　　　"B" 攻击波

3

"B" 攻击波　"A" 攻击波

4

黄昏	夜间	黎明

1

2

3

←──── 200 英里 ────→ ←── 70 英里 ──→

5

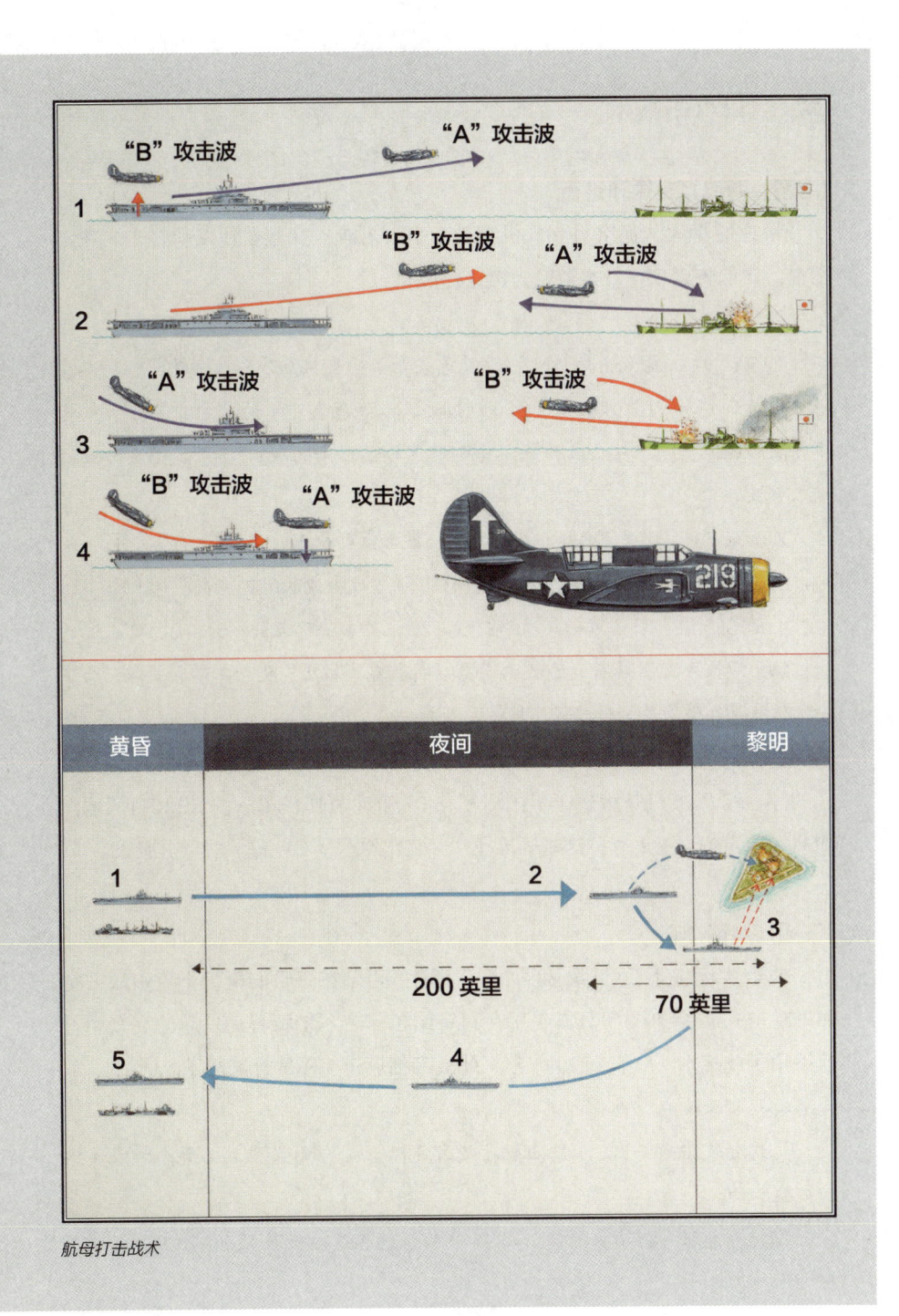

4

航母打击战术

航母打击战术

(上图) 两波打击循环进行

快速航母大队通常将舰载机编为 2 个攻击波，并且循环发动打击。在本图中，我们将以攻击日本商船为例进行说明。

1. "A"攻击波（Strike Able，以蓝色表示）的战机加油和装弹完毕，全部在甲板上待命，而"B"攻击波（Strike Baker，以红色表示）的战机则在下方机库中加油和装弹。"A"攻击波的战机全部起飞后，升降机将把"B"攻击波的战机送上甲板。

2. 如果"B"攻击波的战机全部就位，就应立即起飞。

3. "B"攻击波的战机离开后，返回的"A"攻击波的战机将在航母上降落。

4. 随后，"A"攻击波的战机将前往下方机库加油和装弹，为"B"攻击波的战机腾出甲板。"B"攻击波的战机降落后将留在甲板上，进行加油和装弹，为下一次作战循环做准备，以确保能持续发动打击。

本图中的战机是隶属于美国海军第 84 俯冲轰炸机中队的 SB2C-4 "地狱俯冲者"。1945 年 2 月，这些战机在"邦克山"号（CV-17）航母上服役。

(下图) 高速奔袭

本战术诞生于 20 世纪 30 年代，主要被用于在黑暗的掩护下攻击敌方空军基地。1942 年 2 月 1 日，美军在对马绍尔—吉尔伯特群岛发起的突袭中首次采用了此战术。一直到 1945 年，此战术都属于美军的标准战术。

1. 发起攻击前一天，1 艘油船在距离目标 200—300 英里处为整个特混大队的舰艇加油。

2. 特混大队"抛下"油船，以 25 节的航速连夜航行 8—10 个小时，抵达距离目标70英里处。在此期间,"高速和准时至关重要"。指挥官需要妥善选择舰载机的起飞时间,以便其能在天色破晓时攻击敌方空军基地,用俯冲轰炸机将敌机压制在地面上,并让战斗机暂时建立制空权。

3. 美军战列舰和巡洋舰可能会脱离特混大队,在舰载机的掩护下前去炮击敌方基地。

4. 特混大队回收舰载机,并于傍晚时分在夜幕掩护下迅速撤出敌方的打击范围。

5. 特混大队在指定地点与油船会合。

在奔袭和后续空中打击期间,航母指挥官需要沉着冷静。由于深入敌境,特混大队唯一抵御敌军反击的方式就是靠近海岸,猛烈攻击敌方空军基地,直到将其摧毁(尽管是暂时的)。有一个反面典型战例发生在1943年12月4日,即第50特混舰队攻击夸贾林环礁(Kwajalein)期间。尽管有多份报告显示当地仍有完好无损的日本轰炸机,但指挥官查尔斯·波纳尔海军少将仍然提早下令撤离。"约克城"号舰长"乔科"克拉克(Jocko Clark)海军上校对这一决定怒不可遏:"该死,你没法让军舰躲避飞机!"在夜间撤退时,第50特混舰队遭到了敌军鱼雷机的密集攻击,持续时间长达数小时,直到次日清晨太阳升起。其间,"列克星敦"号被1枚鱼雷命中。但到1944年中期,得益于自身的强大实力,第58特混舰队已足以在近海不间断打击日本的岛屿基地。尽管如此,美军仍经常单独派出某个特混大队,对日军目标发起先制打击,以求确保特混舰队的侧翼安全。

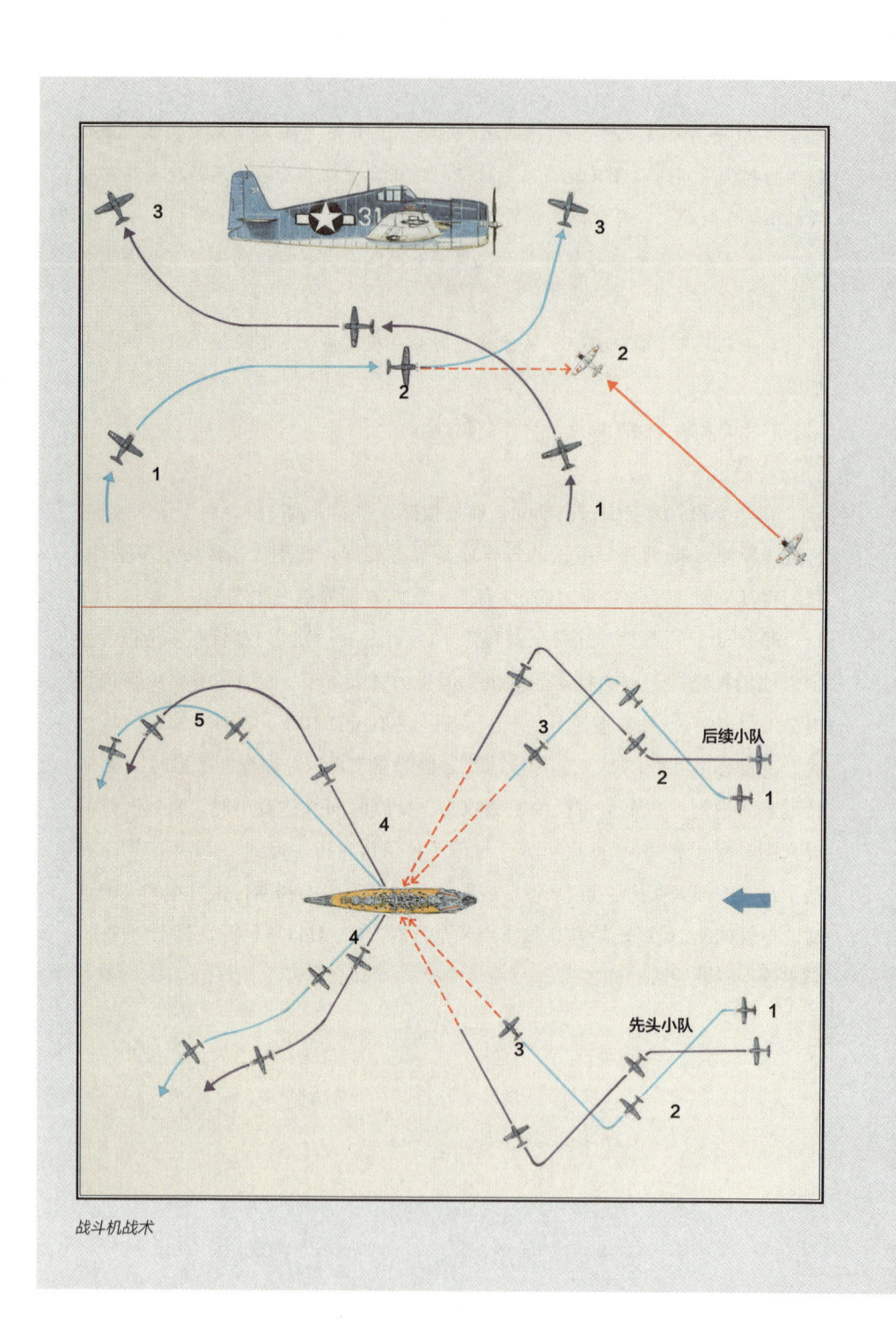

战斗机战术

战斗机战术

(上图)"萨奇剪"

"萨奇剪"是美军的一种常用空对空防御战术,该战术由美国海军第3战斗机中队的萨奇少校提出的。本图中展示的是该战术最简单的版本,由小队长机(浅蓝色)及其僚机(深蓝色)共同实施。在执行该战术时,两机应保持一定战术距离(大致与其转弯半径相等)。

1. 当敌方战斗机尾随美军战斗机时,长机和僚机应朝彼此转向。
2. 如果敌机尾随美军战斗机,会遭到迎面射击;如果敌机脱离接触,则会遭到偏转射击。
3. 之后,长机和僚机恢复原有的战术距离。

尽管"萨奇剪"战术简单易学,但美国和日本飞行员都认为它相当有效。本图中的F6F-3"地狱猫"战斗机隶属于美国海军第16战斗机中队。1944年时,它们在"列克星敦"号航母上服役。

(下图) 扫射攻击

在发起扫射攻击时,理想情况是所有飞机从不同航线接近目标,从而扰乱敌舰上的高射炮炮手。战斗机应在"地狱俯冲者"和"复仇者"发动攻击前夕主动扫射敌舰,压制其防空火力。在本图中,美军正在扫射1艘"大和"级战列舰,并判断自己可能会遭到日军战斗机的反击。

1. 攻击战斗机分队从8000—6000英尺的高度、以小队为基本单位,排成横队接近目标。
2. 长机摇动机翼发出信号,各机开始加大横向间距。

3. 在各小队长带领下，各机分头向敌舰靠近。在即将发起攻击时，僚机应做较大角度转向（Swing Out）。在此期间，僚机应与长机需要保持一定距离，以避免被长机抛出的大量弹壳砸到。各机就位后，长机应以45—60度角进行俯冲，而第二个小队也将随之从另一方向发起俯冲。战斗机应从4000英尺的高空开火（射击需稳定和准确），最后再从俯冲中拉起。在进行长时间密集扫射时，战斗机应实施短点射，以避免机枪或机炮受损。

4. 各小队的战斗机应在大约1000英尺的高度拉起，但如果目标容易发生爆炸，则拉起高度应改为2000英尺。

5. 先头小队应以小角度拉起，以便为后续小队让出射界。随后，该小队应转向第二个小队的拉起方向，以确保在战术上保持集中。

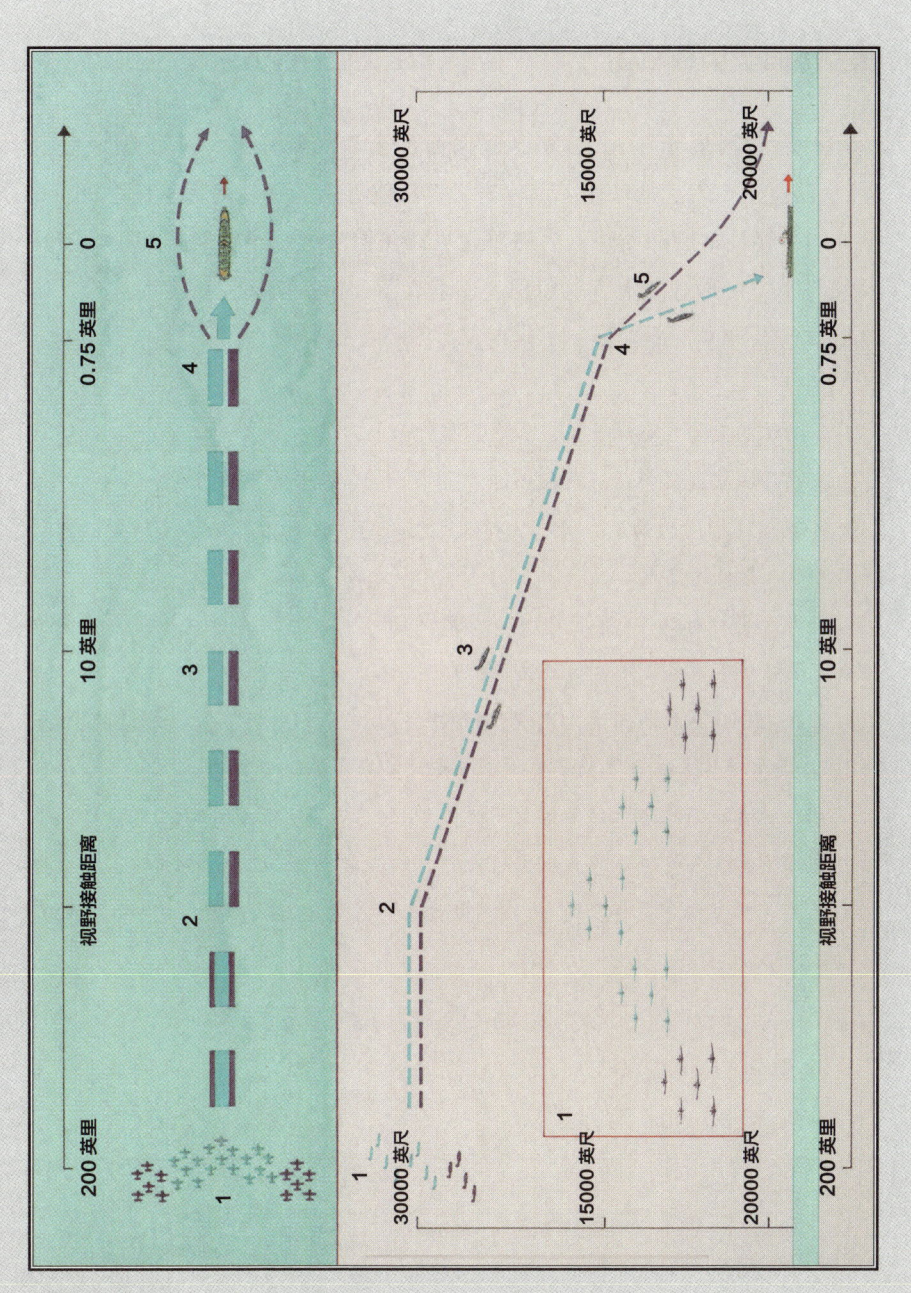

协同全甲板攻击

协同全甲板攻击

本示意图展示了由18架"地狱俯冲者"(浅蓝色)和12架"复仇者"(深蓝色)发起的攻击。该攻击机群从航母上起飞,其目标是约200海里外的1艘日本舰队航母。为简单起见,我们没有画出护航战斗机,但其大致部署仍在示意图中有所展现。在垂直图和俯视图中,所有的编号(如"1""2""3")均相互对应。

1. 巡航高度为30000英尺,队形如图所示。

2. 在目视发现目标后,"地狱俯冲者""复仇者"及其护航战斗机将分别编队,但会保持大致相同的高度,并从30000英尺的高度开始进行小角度俯冲,直到降至15000英尺的高度。

3. 当距离目标约10英里时,"地狱俯冲者"将组成多个六机编队,并在护航战斗机保护下准备发起高速攻击。

4. 在15000英尺的高度,与目标测向距离为0.75—1.5英里时,"地狱俯冲者"将以70度角对日本航母发动俯冲攻击(另见本书第105页)。

5. 在"地狱俯冲者"的炸弹落下时,"复仇者"开始快速下降,前往日本航母当前位置前方5英里处的鱼雷投放点。在到达该点时,"复仇者"的高度应为2000英尺(另见本书第107页)。在"复仇者"发起鱼雷攻击时,护航战斗机需伴随其行动。

12000英尺

2000—1000英尺

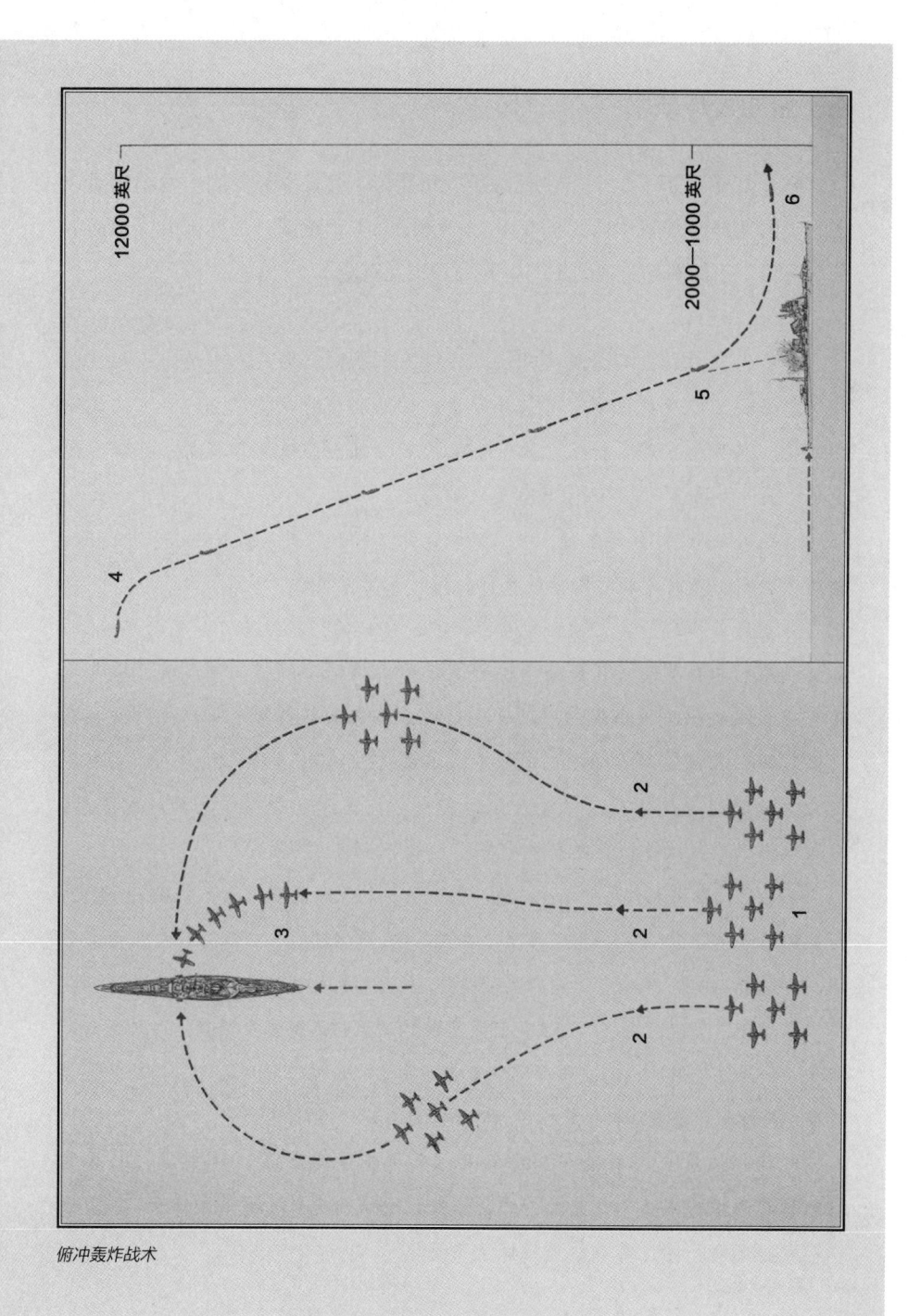

俯冲轰炸战术

俯冲轰炸战术

本示意图展示了1个正在对目标（此处为1艘日本巡洋舰）发动最后攻击的美国俯冲轰炸机中队（拥有18架飞机）。本示意图分为两部分，上面的是垂直图，下面的是俯视图（图中的编号相互对应）。

1. 鉴于风力、云层遮蔽、时机、目标基本航向、警戒幕布局、已知或预期空中抵抗，以及总体战术形势等因素，中队指挥官决定从20000英尺的高度进场。在目视发现目标后，他下令采用"标准最终进场"模式，并以小角度高速俯冲下降至15000—12000英尺的高度。

2. 距离目标约10英里时，中队里的轰炸机将分散开，组成3个六机分队，分别从左侧、正前方和右侧接近目标，同时各自保持防御队形。

3. 距离目标约5英里时，为进行俯冲，先头的六机分队开始转为单纵队，各机相距约400英尺，且后续飞机的高度需略微依次降低。由于敌方战斗机最有可能在这一阶段出现，所以2个后续分队应仍保持紧密队形，以便相互提供支援。在确定转入俯冲的时机时，指挥官应考虑一系列因素：如高射炮火力、敌军战斗机拦截，以及天气和光线对能见度的影响等。开始俯冲后，轰炸机将很难被战斗机和高射炮命中。

4. 最后，在进入大角度俯冲阶段时，轰炸机的飞行高度应至少为12000英尺，与目标的水平距离为0.5—0.75英里。在转入70度俯冲时，中队指挥官应力求平稳，切忌动作粗暴，他应放下俯冲制动襟翼，使轰炸机的速度达到约275英里/时。由于目标会不断前进，所以每名飞行员都要预测落弹点的水平偏移，以便留出提前量。如果过早俯冲，俯冲角度就会变小，导致攻击无法顺利进行。如果提前量适当，目标就会在轰炸机抵达投弹点时刚好进入瞄准具的视野。

5. 投弹高度应为1000—2000英尺。如果投弹高度低于1000英尺，轰炸机的拉起高度将不足700英尺，这会导致"地狱俯冲者"被爆炸波及。

6. 拉起后，俯冲轰炸机应从低空飞离。

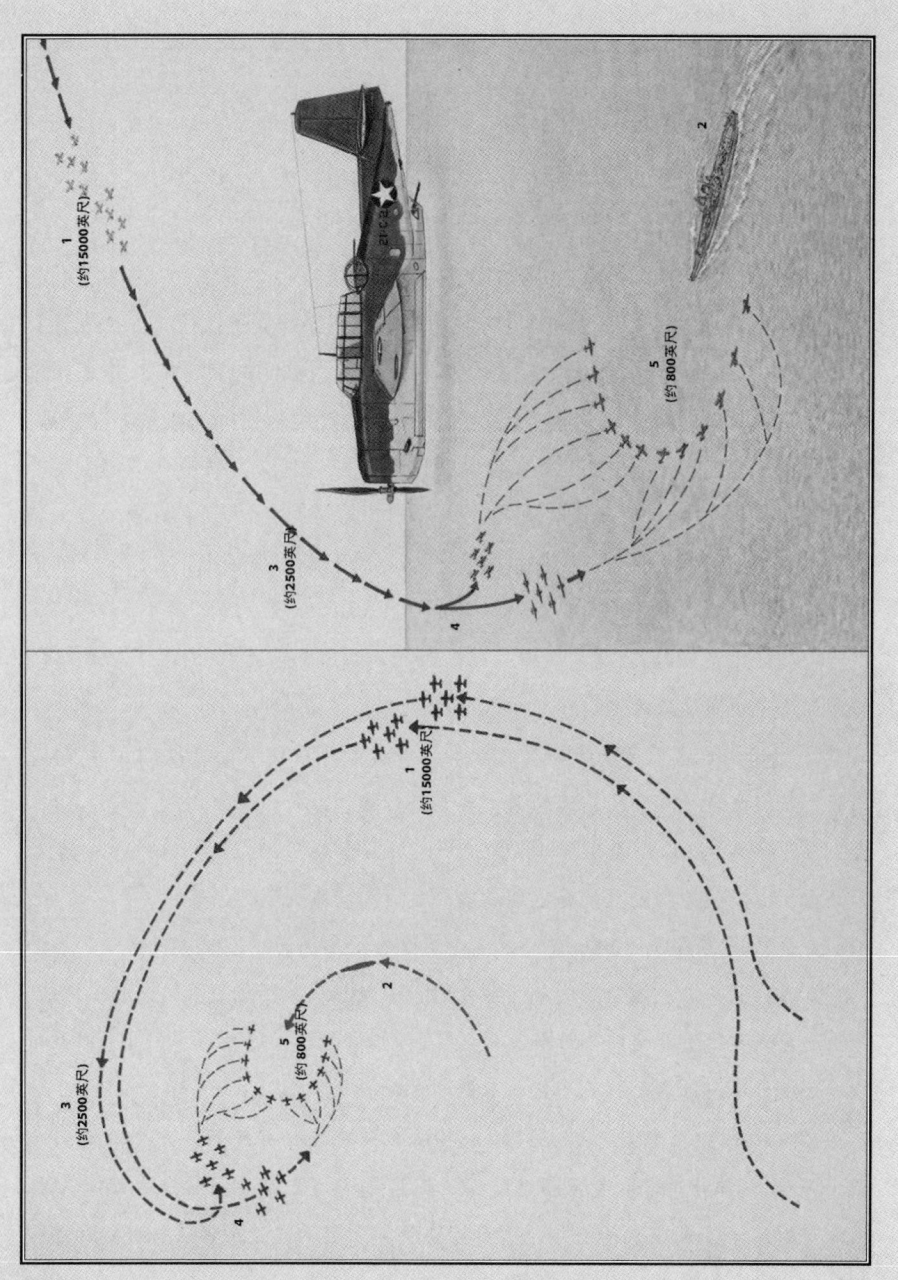

鱼雷攻击战术

107

鱼雷攻击战术

"铁砧攻击"

本示意图展示了1个正在攻击日军战列舰的美军鱼雷轰炸机中队（拥有12架飞机）。在本示意图中，上面的是斜视图，下面的是俯视图。

在理想状态下，各机应从敌舰的两舷同时投放鱼雷，且尽量靠近目标——这就是所谓的"砧板攻击"。如果该战术能得到妥善执行，那么无论目标如何机动，总有一个侧面会被若干鱼雷击中（再高明的日军舰长也不可能让战舰从平行的来袭鱼雷之间穿过）。另外，各机还应从目标的舰首方向接近，此举有助于减少防空火力带来的威胁，并增加相对速度，缩短己方遭受防空火力打击的时长。一般来说，在攻击1艘航母或战列舰时，美军至少会派遣6架"复仇者"，但一般不会超过12架，否则将影响作战效率。

1. 能见度较低时，鱼雷机可以从任何距离和高度发起攻击，但在正常情况下，其发起攻击的高度应为10000—20000英尺。

2. 飞行员必须考虑一点：目标舰艇可能会急剧改变航速或航向。事实上，日军舰艇经常进行360度高速转弯，甚至连续绕圈航行。在发起攻击前，"复仇者"应保持高度，以便观察目标动向，并能在高速飞行（时速为285—345英里）时做出反应。最终，鱼雷机将达到敌舰舰首方向的有利攻击位置。

3. 分队应从3000—2000英尺的高度穿越目标周围的驱逐舰屏障。

4. 各分队分开，在目标的舰首方向就位，且长机位于距舰首较远处。同时，各机还应避免"过早消耗高度和速度"。在理想情况下，攻击应在俯冲轰炸机的炸弹命中目标附近后发起（参见本书第103页）。

5. 攻击时，各鱼雷机应大致排成横队，并在800英尺的高度、距离目标4200码处，以每小时300英里的速度投放鱼雷，并尽量让鱼雷同时抵达目标附近。投放鱼雷后，各机应继续飞行，从目标的舰首上空飞过，或者从与目标的航向相反的方向平行撤离。

本图中的TBF-1"复仇者"隶属于美国海军第22混合中队,1943年10月—11月,该机于"独立"号(CVL-22)上服役。1943年,美军轻型航空母舰有时会搭载若干"混合中队"(Composite Squadron),其下属飞机包括多个机型,但此类中队更常见于护航航空母舰上。

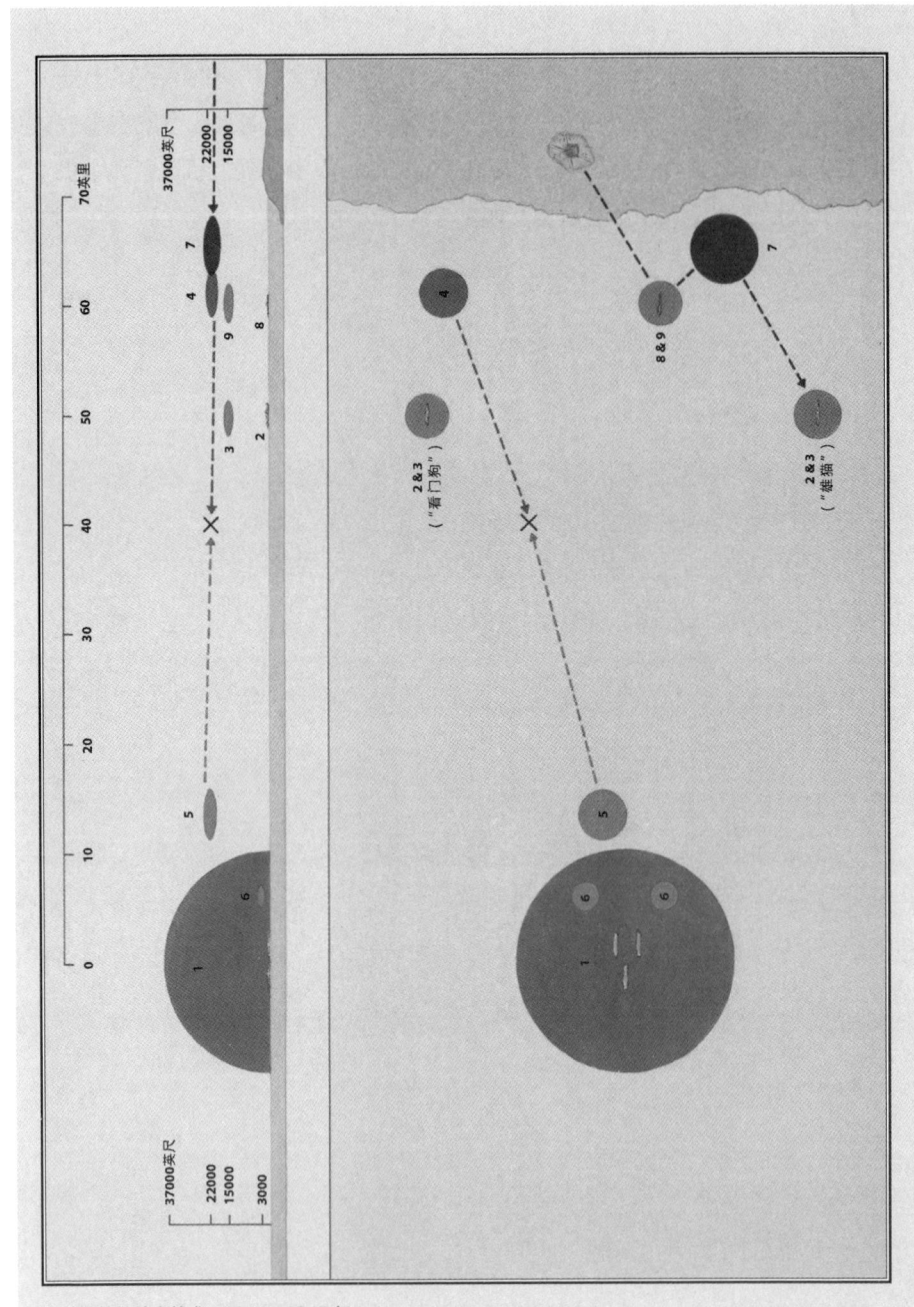

特混舰队防空战术，1944—1945 年

特混舰队防空战术，1944—1945年

1944年年底，鉴于日军空中威胁的不断变化，特混大队的防御战术也变得愈发复杂。本图展示了特混大队在70英里外对敌方海岸发动的一次空袭（左边的是垂直图，右边的是俯视图）。

1. 整个特混大队的阵型直径为4—5英里。5英寸38倍径高射炮的最大射程为10英里，最大射高为37000英尺。

2. 在特混大队前方50英里处，有若干雷达哨戒驱逐舰在阵位上巡逻。

3. 每艘哨戒驱逐舰上空都有1支"雷达哨戒战斗空中巡逻队"，该巡逻队至少包括4架战斗机，巡逻高度为15000英尺。

4. 在海岸方向，日军来袭机群从20000英尺的高度向特混大队靠近，但其行踪已被前方"看门狗"哨戒驱逐舰用雷达发现。该驱逐舰随即向特混大队汇报了敌情。

5. 特混大队的主力战斗空中巡逻队在22000英尺的高度盘旋。特混大队的战斗机指挥主管应计算拦截点（用"X"表示）的位置，并确保该位置尽量远离特混大队，随后再派遣主力战斗空中巡逻队前往该点实施拦截。

6. 低空战斗巡逻队位于特混大队驱逐舰警戒幕前方，并与后者相距不超过6英里。这些飞机的飞行高度不应超过3000英尺，而且它们应始终处于驱逐舰警戒幕的目视引导之下。它们的任务是查明低空飞行的日军鱼雷机或"神风"自杀机，并击落"漏网之鱼"。

7. 与此同时，返航的美军打击机群将按预定计划，绕道前往"雄猫"哨戒驱逐舰附近，而不是直接返回特混大队。

8. 在前往"雄猫"哨戒驱逐舰途中，美军打击机群飞越了救生潜艇——该潜艇会在近海就位，随时准备营救落水的机组人员。在潜艇上空，"潜艇战斗空中巡逻队"（图标"9"）正在15000英尺的高度巡逻。

抵达"雄猫"哨戒驱逐舰附近后，返航的美军打击机群就会在该舰上空盘旋。同时，"雷达哨戒战斗空中巡逻队"会负责检查是否有敌机躲藏在返航机群中"蒙混过关"。一旦打击机群完成"除虱"，"雄猫"就会下令放行，让机群返回航母。但是，如果特混大队遭到了日军攻击，哨戒驱逐舰可能会暂时禁止机群返航，直到日军对特混大队的攻击结束。

二战美军装甲步兵战术

第二部分

引　言

坦克在一战战场上的总体表现可圈可点。随后几年，人们对坦克未来的定位和运用方式做了大量讨论，并形成了两种基本战术流派。其中一派认为坦克只能作为火炮平台，在战场上徐徐前进，直接支援步兵，即充当"机枪摧毁者"和"障碍物突破者"。更激进的一派则认为坦克可以发挥机动优势，独立充当攻击部队，并拥有自己的炮兵、工兵和后勤支援力量——如果有少量步兵随行则更好。他们还把装甲部队视为骑兵的替代品，并试图用装甲部队来突破敌军防线，深入敌后，破坏和扰乱敌方指挥机构、预备队、炮兵和后勤。但需要指出的是，装甲部队的这两种"用途"其实缺一不可——军队既需要支援步兵坦克，也需要以坦克为中心组建的诸兵种合成部队——但无论坦克在其中扮演哪种角色，装甲部队想要获胜都离不开步兵，也离不开其他兵种的配合。

虽然大多数装甲部队的"先知"都承认坦克需要步兵配合，但真正的问题是如何运输和运用步兵。事实上，他们的观点大多不切实际，而且严重低估了支援坦克所需的步兵数量。坦克兵对步兵的看法就像步兵对坦克的看法一样——都把对方当成是一种"辅助工具"，而且他们也没有认识到，要想有效实施诸兵种合成作战，就必须将所有兵种完全整合在一起。

在美国，步兵与装甲车辆的整合起步缓慢（始于1929年）。那时，美国第34步兵团H连开始装备1.5吨六轮卡车，并被直接编入了"机械化部队"（Mechanized Force）——一支由小型坦克、装甲车、炮兵和支援部队混编而成的"杂烩部队"。该部队也被称为"汽油旅"（Gasoline Brigade），并不"属于"某个特定兵种。虽然有人认为该部队的机动性和冲击力较强，应把其视为"骑兵的延伸"，并试图将其纳入骑兵麾下，但很多人也表示反对，并认为这种门户之见只会妨碍"机械化部队"发展。可无论如何，美国陆军参谋长道格拉斯·麦克阿瑟（Douglas MacArthur）将军最后还是解散了"机械化部队"，并将其资产移交给了骑兵。至于"机械化部队"编成内的各步兵连、工兵和炮兵，则"交给其原隶属的兵种来进行管辖"。1933年，美军又成立了一支新部队，即第1（机械化）骑兵团——但该团并不是诸兵种合成部队，而是纯骑兵部队。与此同时，步兵也要求拥有自己的坦克力量，以便为徒步作战提供支援。为此，美军成立了步兵坦克学校，并将现有的第1坦克团改编为第66（轻型坦克）步兵团。

1938年，美军开始组建第7（机械化）骑兵旅。该旅有2个团，即第1骑兵团和第13骑兵团，其战斗力量主要来自所谓的"战车"（即轻型坦克）和装甲车。虽然该旅还配有一些火炮，但却没有配备步兵。美国陆军步兵部队则于1940年将坦克编入了"临时坦克旅"（Provisional Tank Bde。不过严格来说，该旅实际上只是1个"架子单位"）。1940年，美国陆军举行了"路易斯安那演习"（Louisiana Maneuvers），在该演习中，临时坦克旅和第7（机械化）骑兵旅被编为1个临时坦克师，并且表现抢眼。在德国装甲部队横扫欧洲后，各方更是认识到了组建诸兵种合成装甲师的必要性，决定为这些新部队配备搭乘半履带车的步兵。1940年7月15日，第7（机械化）骑兵旅被改编为第1装甲师，而临时坦克旅则被改编为第2装甲师。在这段时间里，美国逐渐转入战时状态，但相关装备的交付进度却十分缓慢。

1941—1942年，美国陆军计划组建5个摩托化步兵师，而且每个摩托化步兵

美军1个步兵排的M3半履带车正在列队前进，准备参加演习（照片拍摄于二战前）。请注意车首保险杠上的标记，它表明这些车辆来自第7（机械化）骑兵旅。虽然这些标记此时尚未统一，但其颜色通常为黄色。我们还可以在领头半履带车上，看到1挺指向天空的0.30英寸口径M1917A1水冷机枪。

师将与2个装甲师搭配在一起，组成1个装甲军。这些摩托化步兵师将采用标准步兵师的组织模式，但其麾下的步兵团将配备数量充足的卡车，从而获得足够的机动性。此外，这些摩托化步兵师还将大幅增强维修力量，并配备1个侦察中队，而不是1个侦察连。第4步兵师首先充当试点部队，在此期间，该师有部分单位装备了半履带车，但后来这些车辆都被撤走了。随后，第6步兵师、第7步兵师、第8步兵师和第90步兵师也被改编为摩托化师，不过这些部队并没有获得额外的卡车。鉴于这4个师需要的车辆太多，占用运输空间太大，以及对燃料和轮胎的需求极高，因此这些师被改编为了标准步兵师。第4步兵师则计划实施"装甲化"，其所有下属步兵团都将配备半履带车，而师属炮兵也将配备全履带自行火炮。不过，由于"装甲化"的第4步兵师占用的运输空间将超过装甲师，导致战区指挥官表示反对。最终，该师也被改编为标准步兵师。

1940年7月10日，美国陆军装甲部队（Armored Force）在肯塔基州诺克斯堡（Ft Knox）成立。该机构负责装甲单位的勤务考核，并监督其组织和训练。1943年7月2日，装甲部队更名为"装甲司令部"（Armored Command），该机构对装甲单位的管辖权也随之减少，至于"装甲军"这一提法也被取消。[1]1944年2月20日，装甲司令部又更名为"装甲中心"（Armored Center），基本上成了一个补充兵训练机构。尽管到此时，装甲步兵单位仍是装甲师的组成部分，但其大部分编制、条令、组织和训练标准都由佐治亚州本宁堡（Ft Benning）的步兵兵种总监（Chief of Infantry）负责制定。

经过1943年年初在北非的战斗，美军发现自己在装甲条令、战术、组织和装备方面问题颇多。当时，美国陆军"山头主义"盛行，并因此在战斗中深受其害——尤其是北非战役之初，装甲部队和步兵的合作可谓混乱不堪。虽然步兵师有独立坦克营提供支援，但步兵指挥官通常不让坦克单位的军官参加参谋会议。不仅如此，美军还不负责任地拆分了第1装甲师，以便为步兵提供支援。美军坦克兵和步兵不仅没有在战斗中融合成一个团队，反而愈发缺乏信任。但

---

[1] 译者注：在被部署到海外之前，各装甲军均在1943年10月10日被改为普通军级单位：第2装甲军被改为第18军，第3装甲军被改为第19军，第4装甲军被改为第20军。1943年7月10日，美军还在突尼斯撤销了第1装甲军，并将其资产重组为第7军。另外值得一提的是，美国陆军的原计划是在1941年组建61个装甲军，但1942年美国陆军又改变了想法，准备只组建47个装甲师（即23个装甲军），后来又削减为26个装甲师，再后来又削减为20个装甲师，最终美军陆军只组建了16个装甲师。

1 辆 M3 半履带车驶过阿尔及利亚的一个小镇。在北非，美军半履带车会在侧面画上醒目的国旗，以表明身份。

1 辆正准备被运往海外的 M3 半履带车，该车车体已用绳索固定好，车轮和履带下也安装了木框以防止移位。我们可以看到车顶的帆布顶篷也架好了，但却没有用弓形支架撑起——这会导致篷顶再升高约 1 英尺。

幸运的是，他们也认识到了需要加强步坦联合训练和协调。在盟军于1944年中期登陆欧洲本土时，其中许多问题都已得到了解决。

在北非战场，美军只投入了2个装甲师，即第1装甲师和第2装甲师。第1装甲师后来又被投入了意大利战场，而第2装甲师则先是被派往西西里岛，随后又开赴西北欧作战。至于其他装甲师（第3装甲师至第14装甲师、第16装甲师、第20装甲师），则全部在西北欧和中欧地区作战（其中第16装甲师和第20装甲师只分别在战争结束前参加了一周和两周时间的战斗）。

在本书的第二部分中，我们将重点关注装甲师下属的装甲步兵营和装甲步兵团，以及步兵的后勤补给工作。装甲步兵不完全是搭乘半履带车的标准步兵，他们在组织、武器和装备上都有独特之处。虽然人们曾对美军装甲师的行动做了大量研究，但他们的关注点往往是坦克，而忽略了为装甲师提供一半机动营的装甲步兵。造成这种不公平的原因之一，是装甲步兵很少在战斗中搭乘半履带车作战，他们通常是徒步与"谢尔曼"坦克并肩作战。

组织结构

装甲师[1]

美军以坦克为主的 1940 年型装甲师从未被投入过战斗。1940 年型装甲师的下属部队包括 1 个装甲旅（下辖 1 个两营制中型坦克团和 2 个三营制轻型坦克团）、1 个营级"炮兵团"（只有 24 门榴弹炮，而不是 36 门）和 1 个近乎凑数的两营制"（装甲）步兵团"。另外，1940 年型装甲师还有 1 个三连制炮兵营（任务是支援步兵团），但其下属各连只有 4 门卡车牵引式 105 毫米榴弹炮。此外，（装甲）步兵团还拥有 1 个装备了 8 门 75 毫米反坦克炮的炮兵连。1940 年型装甲师的师直属部队包括工兵营、军械维修营、军需补给营、医疗营、1 个通信连、1 个营级侦察中队（下辖 1 个轻型坦克连、1 个装甲步兵连和 2 个侦察连）。这种装甲师拥有 381 辆坦克、148 辆半履带车和 97 辆侦察车，总人数为 12697 人。

在 1940 年型装甲师中，步兵营和坦克营的比例为 2∶8，步兵的数量严重不足。就算把侦察中队也计算在内，步兵连和坦克连（包括 6 个中型坦克连和 19 个轻型坦克连）的比例也只有 7∶25。相关情况表明，这种装甲师既无法确保占领地区的安全，也无法为友军提供侧翼和后方警戒，更无法开展扫荡行动和坚守阵地。不过，美军只有第 1 装甲师和第 2 装甲师采用过这种极度失衡的编制。

1942 年 3 月，为改善指挥和控制，提高步兵所占比例，美军开始精简装甲师。美军取消了累赘的旅级指挥机构，并撤销了 1 个装甲团。经过精简后，师属装甲团的总数下降到了 2 个，每个团各拥有 1 个轻型坦克营和 2 个中型坦克营。此外，装甲步兵团的规模被扩编成 3 个营。除此之外，每个装甲师还拥有 3 个装甲野战炮兵（Armored Field Artillery）营，每个营下辖 3 个连，每个连拥有 6 门 105 毫米自行榴弹炮。另外，装甲师师部还拥有指挥和控制分队，包括师指挥机关、装甲通信连、各勤务连、师炮兵司令部和 2 个规模较小的战斗指挥部及其直属分队。这 2 个战斗指挥部可以指挥坦克、装甲步兵、装甲炮兵和其他支援部队。

虽然在新装甲师编制中，步兵和坦克的比例有所改善，但缺陷依旧存在。

---

[1] 译者注：可参见鱼鹰出版社出版的《美军装甲师：欧洲战场，1944—1945 年》（ US Armored Divisions: The European Theater of Operations, 1944 - 45 ）。

根据新编制，每个装甲师拥有19个坦克连（包括12个中型坦克连、7个轻型坦克连）和9个装甲步兵连。这种装甲师拥有390辆坦克（坦克数量较之前有所增加）、694辆半履带车、40辆侦察车和14630名士兵。新装甲师的侦察能力有所提高：侦察营现在有3个侦察连和1个轻型坦克连，但其下属步兵连则随之被撤销了；每个装甲团也获得了1个侦察连。

1943年9月，美军装甲师的编制再次被调整（这一新编制受德军新式装甲师影响很大，美军在指挥和控制方面进行了简化，并使用了规模更小的、以任务为导向的特遣部队。此外，英军也在缩小装甲师的规模，以便于调遣部队）。经过调整，采用新编制的装甲师的兵力减少了近4000人——减少后的兵力为10937人——同时还拥有263辆坦克、501辆半履带车和54辆装甲车。美国境内的装甲师在1943年9月—11月进行了重组。但海外的第1、第2和第3装甲师仍保留着1942年时的编制（即下辖1个装甲步兵团和2个坦克团），并被称为"重型"师，而其他师则被称为"轻型"师。直到二战结束，第2装甲师和第3装甲师都一直保留了"重型"师的编制，这是因为美国陆军欧洲战区司令（Commanding General, European Theater of Operations）①积极支持旧式"重型"师。美国陆军欧洲战区司令宣称，由于作战行动持续不断，他们没有时间重组这2个师。

在1943年各装甲师重组为"轻型"师期间，美军装甲师拆散了坦克团和步兵团——其下属单位现在包括3个坦克营、3个装甲步兵营和3个装甲野战炮兵营。3个坦克营全部为混编单位，包括1个轻型坦克连和3个中型连（较以往减少了127辆坦克）。至于原先隶属于军级及以上指挥机构的独立坦克营则被配属给步兵师。此时装甲师一共拥有13个坦克连（包括9个中型坦克连、4个轻型坦克连）和9个装甲步兵连，但步兵数量仍然不足。坦克团直属侦察连被撤销，师属骑兵侦察中队（规模为营级）则扩大到4个侦察骑兵连、1个突击炮连和1个轻型坦克连。装甲师还经常配属有1个防空自动武器营，以及至少1个坦克歼击营（有时配属坦克歼击营的数量可以达到3个），在极少数情况下还会配属1个来自上级指挥机构的独立坦克营。此外，军直属炮兵部队也经常给装甲师提供1个155毫米牵引

---

① 译者注：1943年5月—1944年2月为雅各布·德弗斯（Jacob L. Devers），1944年2月—1945年6月为德怀特·艾森豪威尔。

式榴弹炮营,以便提供直接支援,弥补其在中型火炮方面的不足。①

战斗指挥部

"双战斗指挥部"模式让装甲师极富灵活性。每个战斗指挥部可以包括若干坦克、装甲步兵、野战炮兵和坦克歼击连,以及1个侦察连、1个工兵连和其他必要部队,而且它们的数量和组合没有限制。其中A战斗指挥部由1名准将指挥(但和其他美军师级部队不同,美军装甲师没有副师长),B战斗指挥部由1名上校指挥。此外,这些指挥班子大约有100人,但他们并不负责行政或后勤方面的工作。除此之外,装甲师还新组建了"预备指挥部"(Reserve Command),其指挥机构只有8人(另外还有9名来自师部连运输排的保障人员)——指挥官是1名步兵上校,他负责监督装甲步兵营的步兵训练。预备指挥部并不是一支"机动特遣部队",而是一个最低限度的指挥机构,负责管理轮换到后方进行维修、补给和休整的单位。

将整个师分成3支机动分队的方案不仅适用于装甲师,也适用于步兵师。另外,许多"轻型"装甲师还扩大了预备指挥部的指挥班子规模,并为其配备了一个队部连,从而使预备指挥部成为第3支机动分队,即"R战斗指挥部"(CCR)。此外,在对R战斗指挥部编组时,有2个装甲师借用了装甲大队(Armored Group)②总部连:即被派往第8装甲师的第10装甲大队总部连,以及被派往第9装甲师的第12装甲大队总部连。在"重型"师中,不管其是否拥有3个团级指挥机构,都会设置A战斗指挥部和B战斗指挥部,并为它们配备总部分队,有时还会用装甲步兵团团部组建"C战斗指挥部"。在组建3个战斗指挥部时,装甲师经常为每个战斗指挥部"常态化配备"1个装甲步兵营和1个坦克营(以第12装甲师为例,其中A战斗指挥部下辖第66装甲步兵营和第43坦克营,B战斗指挥部下辖第17装甲步兵营和第14坦克营,R战斗指挥部下辖第66装甲步兵营和第43坦克营)。

---

① 译者注:装甲师麾下的防空炮兵营拥有4个连,每个连装备8辆M13、M14半履带防空车(配备2挺0.50英寸口径机枪)或M16、M17半履带防空车(配备4挺0.50英寸口径机枪),以及8门40毫米M1牵引式高射炮。坦克歼击营拥有3个坦克歼击车连(每个连装备12辆M10、M18或M36坦克歼击车),和1个侦察连(装备6辆M8装甲车、3辆M20多用途装甲车,以及12辆配备机枪的吉普车)。另见鱼鹰出版社战斗序列系列丛书BTO 10《欧洲战场的美军坦克营和坦克歼击营,1944—1945》(*US Tank and Tank Destroyer Battalions in the ETO 1944–45*)。

② 译者注:美军的"装甲大队"通常负责管辖军直属独立坦克营,但美军的常规做法是将独立坦克营配属给步兵师,故"装甲大队"经常成为空壳指挥机构。

如有必要，侦察连、工兵连和其他支援部队也会加入，但其中不存在常态化配属关系——即它们偶尔会支援某一战斗指挥部，但依旧受师部管辖。

装甲师可以根据任务，通过3种方式对战斗指挥部进行编组。但各师实际做法往往不同，他们会通过标准行动规程（Standard Operating Procedure）对编组做具体规定。有些师会将装甲步兵营和坦克营编组在一起，并让下属单位相互"结对"，即1个步兵连搭配1个坦克连，1个步兵排搭配1个坦克排——在极端情况下，甚至会让1个步兵班与具体的1辆坦克或1个坦克分排"结对"。这种组织结构虽然有用，但颇为死板，在实施一段时间后，就很难重新规划——例如在需要根据任务组建1支以步兵为主的分队时。据说下文提到的方法是由第5装甲师师长伦斯福德·奥利弗（Lunsford E. Oliver）少将首创的。此人曾前往北非，在第1装甲师服役，并指挥过1个战斗指挥部。在此期间，他注意到如果坦克兵和步兵配合良好，就可以发挥重大价值。因此，他要求部队相互"联姻"：不仅要一起训练、一起战斗，还要一起生活——无论是在一线还是在驻地。1947年，美国装甲兵学校（Armored School）编写了一份关于二战装甲步兵和坦克的任务编组研究，其中这样建议：

如有可能，最好把同一规模的坦克和步兵部队集合在一起，共同训练和作战。这样不仅有利于参谋班子运转，还能让下级指挥官、坦克车组和步兵班相互熟悉，增强信心。各单位也可以"劲往一处使"，而不是各自为战。我们还应把炮兵前进观测员从野战炮兵营下放到坦克连和步兵连，以便他们为部队提供直接支援。这样一来，我们就能组成一个全面型团队，其中包含坦克、步兵和炮兵。当炮兵前进观测员被分配给步兵时，他们应与步兵一起徒步行动；当其被分配给坦克部队时，他们应搭乘坦克。上级还应尽量保持炮兵营与其他部队的惯常支援关系。

更常见的情况是，美军会把1个装甲步兵营和1个坦克营编为2支特遣队，而各连则经常在这2支特遣队之间调配。随着任务的进行，单位调配情况经常发生变化，甚至导致步兵不知道与哪支坦克部队协同作战。这种情况听起来很糟，但实际不然——因为指挥官和参谋人员总归了解情况。另外就算部队频繁调配，但他们很可能之前也曾一起共同行动。这些特遣队要么有番号（如第1特遣队、第2特遣队），要么直接采用营番号（如第15特遣队、第68特遣队），要么以指挥官命名（可以参考表5和表6的示例）。

表5　第12装甲师A战斗指挥部（1944年12月29日）

第1特遣队	第2特遣队	A战斗指挥部直属部队
第43坦克营（欠一部） 第66装甲步兵营B连 第66装甲步兵营D连* 第493装甲野战炮兵营A连 第43坦克营D连第2排	第66装甲步兵营（欠一部） 第43坦克营C连 第43坦克营D连（欠一部） 第493装甲野战炮兵营B连	A战斗指挥部队部连 第493装甲野战炮兵营（欠一部） 第82医疗营A连 第143军械营A连 第572高射炮兵营C连 第119工兵营A连第1排
*第12装甲师下属的装甲步兵营非常特殊：它们在1945年3月接收了由有色人种组成的第4个连，这里的第66装甲步兵营D连就是有色人种连。		

表6　第5装甲师B战斗指挥部

"安德森"特遣队（TF Anderson）	"温特穆特"特遣队（TF Wintermute）
第81坦克营营部连 第81坦克营B连和C连 第15装甲步兵营B连和C连 第81坦克营勤务连	第15装甲步兵营营部连 第15装甲步兵营A连 第81坦克营A连 第15装甲步兵营勤务连

表7　第5装甲师各战斗指挥部的惯常编配

A战斗指挥部	B战斗指挥部	R战斗指挥部
第34坦克营 第46装甲步兵营 第47装甲野战炮兵营 第22工兵营A连 第85侦察中队A连 第387高射炮兵营A连 第628坦克歼击营A连	第81坦克营 第15装甲步兵营 第71装甲野战炮兵营 第22工兵营B连 第85侦察中队B连 第387高射炮兵营B连 第628坦克歼击营B连	第10坦克营 第47装甲步兵营 第95装甲野战炮兵营 第22工兵营C连 第85侦察中队C连 第387高射炮兵营C连 第628坦克歼击营C连

以第5装甲师为例，A战斗指挥部、B战斗指挥部和R战斗指挥部均被用作机动部队，且每个战斗指挥部各有3个营。战斗指挥部下辖一大一小两支特遣队，每个特遣队均以营长的名字命名，其下属各连也有惯常"结对"关系。

例如坦克营 B 连总是与装甲步兵营的 B 连共同行动，其他部队情况以此类推（可以参考表 6 的示例）。

虽然坦克营的主力是 M4"谢尔曼"中型坦克，但 M5"斯图亚特"轻型坦克（左）也在侦察和警戒任务中发挥了宝贵作用。值得注意的是，为加强防护，这辆"斯图亚特"还额外加装了圆木和沙袋。

如果预备指挥部仅充当预备队管理机构，而非机动部队指挥机构时（这种情况尤其常见），那么战斗指挥部所拥有的 3 个营将会被拆分成 3 支特遣队。表 8 和表 9 给出了 2 个示例：一个是第 12 装甲师 A 战斗指挥部曾利用从 B 战斗指挥部调来的 1 个营组建了"第 3 特遣队"；另一个是在巴斯托涅（Bastogne）第 10 装甲师被分配给第 101 空降师时，第 10 装甲师的 B 战斗指挥部甚至组建了第 4 支特遣队 [第 10 装甲师将这些特遣队称为"分队"（Team）]。

表 8　第 12 装甲师 A 战斗指挥部(1944 年 12 月 7 日)

第 1 特遣队	第 2 特遣队	第 3 特遣队	A 战斗指挥部直属部队
第 43 坦克营 （欠一部） 第 66 装甲步兵营 B 连 第 92 侦察中队 A 连 （欠一部） 第 119 工兵营 A 连 第 1 排① 第 92 侦察中队 B 连 第 1 排	第 66 装甲步兵营 （欠一部） 第 43 坦克营 B 连 第 92 侦察中队 A 连 第 3 排 第 119 工兵营 A 连 第 2 排	第 17 装甲步兵营 第 43 坦克营 C 连 第 92 侦察中队 A 连 第 2 排 第 119 工兵营 A 连 第 3 排	A 战斗指挥部队部连 第 43 坦克营 D 连 第 82 医疗营 A 连 第 119 工兵营 A 连 （骨干） 第 134 维修营 A 连 第 572 高射炮兵营 C 连

表 9　第 10 装甲师 B 战斗指挥部(1944 年 12 月 21 日)②

第 1 特遣队	第 2 特遣队	第 3 特遣队	第 4 特遣队
B 战斗指挥部队部连 第 796 高射炮兵营 B 连 第 55 工兵营 C 连连部 第 90 侦察中队 D 连连部 第 609 坦克歼击营 C 连连部 第 80 医疗营 B 连 1 个分排	第 3 坦克营 （欠 B 连和 C 连） 第 20 装甲步兵营 C 连 第 55 工兵营 C 连 第 3 排 第 90 侦察中队 D 连 第 2 排 第 609 坦克歼击营 C 连 第 1 排	第 20 装甲步兵营 （欠 A 连和 C 连） 第 3 坦克营 B 连 第 3 坦克营 D 连 1 个排 第 55 工兵营 C 连 第 2 排 第 90 侦察中队 D 连 第 1 排 第 609 坦克歼击营 C 连第 2 排	第 54 装甲步兵营 （欠 A 连和 C 连） 第 21 坦克营 C 连 第 3 坦克营 D 连 1 个排 第 55 工兵营 C 连第 1 排 第 90 侦察中队 D 连第 3 排 第 609 坦克歼击营 C 连第 3 排

将部队分配到战斗指挥部的方式可谓多种多样。例如，第 4 装甲师从未将一个单位固定分配给某个战斗指挥部，而是会根据任务进行编组，从而保持其高度灵活性。一个战斗指挥部可能下辖 1 个装甲步兵营、1 个坦克营、1 个侦察连、1—2 个装甲野战炮兵营、1 个 155 毫米榴弹炮连、1 个高射炮兵连、1 个坦克歼击连、1 个工兵连，以及若干勤务分队。这些部队将进一步细分为 2—3 支特遣队——每支特遣队均以 1 个装甲步兵营或坦克营为核心，并配备若干步兵、炮兵和坦克，并拥有自己的后勤分队。

---

① 译者注：原文为"第119侦察中队A连第1排"，有误，已改正。
① 译者注：原文为"1945年12月21日"，有误，已改正。

装甲步兵团和装甲步兵营

美军第一支装甲步兵部队是第6（装甲）步兵团，该团于1940年7月1日从标准步兵团改编而来，后来被编入第1装甲师。1940—1942年美军一共组建了14个这样的团。1942年1月1日，美军将已组建的5个"（装甲）步兵团"（第6、第36、第41、第46和第51团）更名为"装甲步兵团"，其他后续团情况也是如此。这些团最初拥有2个营，但在1942年3月增加到3个。各营最初装备了1.5吨卡车和怀特M3A1型侦察车，但它们的越野机动能力有限。另外，由于上级认为坦克足以帮助步兵应付敌方装甲车辆，因此各营配备的反坦克武器也寥寥无几。此外，此类部队还拥有一个组织缺陷——沿用了之前的8人班组编制，但并未纳入司机和机枪手（他们的作用相当于传统步兵班中的马夫）。因此，他们将在步兵班下车后留在车里。

每个装甲步兵营的额定编制都包括1辆M32坦克抢修车（采用M4坦克底盘），但许多营实际上配备的是M31抢修车（采用M3中型坦克底盘）。这些M31抢修车装备的75毫米和37毫米"火炮"都是假的，其实真正的武器只有2挺0.30英寸口径机枪。如果情况允许，受损坦克乘员和部分随行步兵需原地留守，直到抢修工作开始。受损坦克乘员应尽力为抢修车提供火力支援，并且可以拆下机枪，从地面进行射击。

1943年6月—9月，大部分装甲步兵团被拆分为3个独立营，但这些营仍然隶属于原来的装甲师。在投入战斗前，美军几乎所有装甲师都是这种情况，只有第1装甲师（第6装甲步兵团）、第2装甲师（第41装甲步兵团）和第3装甲师（第36装甲步兵团）例外。随着第1装甲师在1944年被改编为"轻型"师，第6装甲步兵团也被宣告解散。装甲步兵团并不是只有3个装甲步兵营和1个团部，还有勤务连和医疗分队。各装甲步兵营由于编制规模较小，没有勤务连和医疗分队，因此需要团部提供支援。

每个三营制装甲步兵团拥有2680名士兵（在1945年有所减少）。该下属单位包括1个团部连、3个装甲步兵营、1个勤务连和1个医疗分队（具体人数可参考表10，数字顺序依次为军官、准尉、士兵的人数）。各营则下辖1个营部连和3个步兵连，其中A连—C连隶属于第1营，D连—F连隶属于第2营，G连—I连隶属于第3营。

第1装甲师第6装甲步兵团的M3半履带车停靠在突尼斯的沙漠绿洲中。请注意车上的迷彩图案，其底色为橄榄绿色，图案颜色为棕色。另外，第6装甲步兵团也是美军第1支参战的装甲步兵单位。

原装甲步兵团解散后，原第1营和原第2营获得了新番号。这些新番号看起来是随机分配的，明显没有规律可循。例如，原第1营的新番号比原第2营的新番号要小。团部连、勤务连和第3营继承了原团的番号和荣誉传统；至于其他2个营则继承了本营原先的荣誉传统。表11展示了第5装甲师第46装甲步兵团的重组情况，需要注意的是，该团第2营还为第85骑兵侦察中队的重组提供了一些资产。在重组时，人员会在各单位之间调配，一些部队还会从其他师属单位吸纳人员。

在1940年，最初的团属装甲步兵营包括营部、营部分队、3个步兵连和1个重武器连，与标准步兵营的编制非常相似。团属装甲步兵营在1942年重组后，营部分队扩编为1个连，重武器连则被解散，其下属分队被编入营部连。营后方行政参谋分队、补给、运输和维修人员则被编入新组建的勤务连。3个步兵连（即A连、B连、C连）也进行了大幅改组（可以参考表13）。

表10 装甲步兵团，第7-21号编制表（1942年3月1日）

91人、5人、2493人（含医疗分队，则分别为100人、5人、2575人）	
团部和团部连，第7-22号编制表	13人、2人、123人
团部	9人、0人、19人
团部连	4人、2人、104人
团部连连部	2人、1人、41人
侦察和情报排	1人、0人、42人
通信排	1人、1人、21人
装甲步兵营，第7-25号编制表	24人、0人、676人
营部和营部连，第7-26号编制表	9人、0人、157人
营部连连部（及侦察排）	2人、0人、34人
迫击炮排	1人、0人、31人
突击炮排	1人、0人、32人
机枪排	1人、0人、27人
装甲步兵连（×3），第7-27号编制表	5人、0人、144人
装甲步兵连连部	2人、0人、29人
步兵排（×3）	1人、0人、48人
勤务连，第7-23号编制表	6人、3人、142人
勤务连连部	3人、0人、38人
维修排	1人、1人、60人

续表·装甲步兵团，第7-21号编制表（1942年3月1日）

91人、5人、2493人(含医疗分队，则分别为100人、5人、2575人)	
运输排	1人、1人、30人
人事分排	1人、1人、8人
补给分排	0人、0人、6人
医疗分队	9人、0人、72人
队部分排	3人、0人、15人
营医疗分排（×3）	2人、0人、19人

表11　第46装甲步兵团的重组(1943年9月20日)

旧单位	新单位
第46装甲步兵团（不含第1营和第2营）	第46装甲步兵营
第46装甲步兵团第1营	第47装甲步兵营
第46装甲步兵团第2营	第15装甲步兵营[①]和第85骑兵侦察中队（不含D连和E连）

表12　装甲师下属的装甲步兵单位

第1装甲师	第6装甲步兵团（1940—1944年），后拆分为第6、第11、第14装甲步兵营
第2装甲师	第41装甲步兵团（1940—1946年）
第3装甲师	第36装甲步兵团（1941—1945年）
第4装甲师	第51装甲步兵团（1941—1943年），后拆分为第10、第51、第53装甲步兵营
第5装甲师	第46装甲步兵团（1941—1943年），后拆分为第15、第46、第47装甲步兵营
第6装甲师	第50装甲步兵团（1942—1943年），后拆分为第9、第44、第50装甲步兵营
第7装甲师	第48装甲步兵团（1942—1943年），后拆分为第23、第38、第48装甲步兵营
第8装甲师	第49装甲步兵团（1942—1943年），后拆分为第7、第49、第58装甲步兵营
第9装甲师	第52装甲步兵团（1942—1943年），后拆分为第27、第52、第60装甲步兵营
第10装甲师	第54装甲步兵团（1942—1943年），后拆分为第20、第54、第61装甲步兵营
第11装甲师	第55装甲步兵团（1942—1943年），后拆分为第21、第55、第63装甲步兵营
第12装甲师	第56装甲步兵团（1942—1943年），后拆分为第17、第56、第66装甲步兵营
第13装甲师	第59装甲步兵团（1942—1943年），后拆分为第16、第59、第67装甲步兵营
第14装甲师	第62装甲步兵团（1942—1943年），后拆分为第19、第62、第68装甲步兵营
第16装甲师	第18、第64、第69装甲步兵营
第20装甲师	第8、第65、第70装甲步兵营

---

① 译者注：原文为"第15装甲步兵团"，有误。

表 13 装甲步兵营,第 7-25 号编制表(1943 年 9 月 15 日)

36 人、3 人、962 人(含医疗分队,则分别为 39 人、3 人、995 人)	
营部和营部连,第 7-26 号编制表	14 人、0 人、159 人
营部	8 人、0 人、21 人
营部连	6 人、0 人、138 人
营部连连部	2 人、0 人、37 人
连部分排	1 人、0 人、5 人
维修分排	1 人、0 人、7 人
行政、炊事和物资分排	1 人、0 人、25 人
侦察排	1 人、0 人、20 人
侦察排排部	1 人、0 人、4 人
侦察班(×2)	0 人、0 人、8 人
突击炮排	1 人、0 人、23 人
突击炮排排部	1 人、0 人、6 人
突击炮分排(×3)	0 人、0 人、4 人
弹药分排	0 人、0 人、5 人
迫击炮排	1 人、0 人、6 人
迫击炮排排部	1 人、0 人、6 人
迫击炮班(×3)	0 人、0 人、6 人
机枪排	1 人、0 人、34 人
机枪排排部	1 人、0 人、10 人
机枪分排(×2)	0 人、0 人、12 人
机枪分排指挥机构	0 人、0 人、2 人
机枪班(×2)	0 人、0 人、5 人
装甲步兵连(×3),第 7-27 号编制表	6 人、0 人、245 人
装甲步兵连连部	2 人、0 人、48 人
连部分排	1 人、0 人、8 人
维修分排	1 人、0 人、6 人
行政、炊事和补给分排	1 人、0 人、34 人
步兵排(×3)	1 人、0 人、55 人
步兵排排部兼第 1 班	1 人、0 人、11 人
步兵班(×2)	0 人、0 人、12 人

续表·装甲步兵营，第7-25号编制表（1943年9月15日）

36人、3人、962人(含医疗分队，则分别为39人、3人、995人)	
迫击炮班	0人、0人、8人
机枪班	0人、0人、12人
反坦克排	1人、0人、32人
反坦克排排部	1人、0人、2人
反坦克班(×3)	0人、0人、10人
勤务连，第7-29号编制表	4人、3人、68人
勤务连连部	2人、0人、22人
连部分排	1人、0人、4人
维修分排	1人、0人、4人
行政、炊事和补给分排	0人、0人、14人
营补给和运输排	1人、1人、21人
营维修排	1人、1人、20人
营行政和人事分排	0人、1人、5人
医疗分队	3人、0人、33人

　　除了48个师属装甲步兵营（含装甲步兵团下属的装甲步兵营），美军还在1943年3月和5月组建了多个独立装甲步兵营（第526营—第540营）。组建这些部队是为了满足高级指挥机构对独立营的需求，独立装甲步兵营将在集团军一级听命，以便配属给步兵师和装甲师。虽然美军有"高级指挥机构兵力池"（GHQ Pool）这一概念，即为一线部队提供各种直属战斗营（如坦克营、坦克歼击营、野战炮兵营、高射炮兵营、工兵营），但对于独立装甲步兵营，情况并非如此。它们大部分都被派往"陆军装甲部队"或第2军，其中10个在1943年8月撤编，原人员则被派往重组和部署中的装甲步兵营；2个被改编为两栖牵引车营；2个作为训练单位保留到1944年；只有第526营在欧洲参加了有限战斗。

详解装甲步兵营

虽然1943年型装甲步兵营是按下设3个步兵连的标准组建的，但与普通步兵营存在特殊差异。它们自成体系且没有团级梯队提供支援。1943年9月15日的组织编制表（具体人数可参考表13，数字的顺序同样依次为军官、准尉、

这名装甲步兵配有1支0.45英寸口径M1A1"汤普森"冲锋枪，该枪是作为"车载装备"配发的。此外，他还穿着连体人字斜纹布工作服。这名士兵左臂下挂着一个防毒面具袋，但在北非战役之后，这种装备就很少见了。

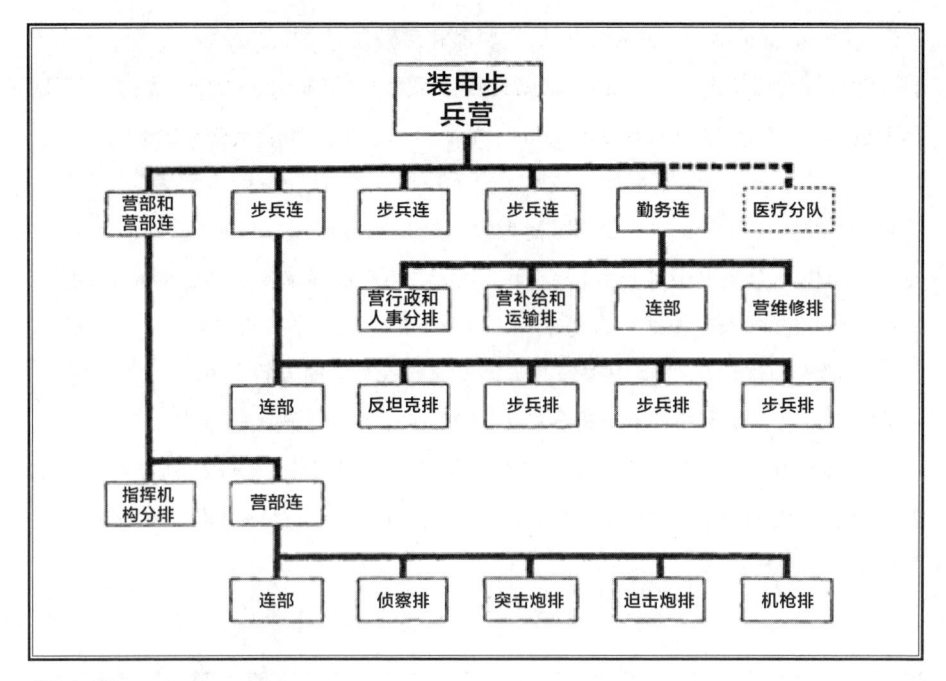

```
                        ┌──────────┐
                        │ 装甲步   │
                        │  兵营    │
                        └────┬─────┘
        ┌──────┬────────┬────┴────┬────────┬─────────┐
    ┌───┴──┐ ┌─┴──┐  ┌─┴──┐   ┌─┴──┐   ┌─┴──┐   ┌──┴───┐
    │营部和│ │步兵│  │步兵│   │步兵│   │勤务│   │医疗分队│
    │营部连│ │ 连 │  │ 连 │   │ 连 │   │ 连 │   └──────┘
    └──────┘ └────┘  └────┘   └────┘   └────┘
```

装甲步兵营。

士兵的人数）就是一个例子，它展示了装甲步兵营各连下属单位的组成情况——虽然之后每年都有调整，但总体差异不大。该营普遍配备了 74 具"巴祖卡" 2.36 英寸反坦克火箭筒，但该武器并未配发到个人。此外，该营还有 75 辆半履带车，每辆均配备 1 挺"汤普森"冲锋枪作为随车装备（On-Vehicle Equipment）。同时，每辆半履带车还配有 1 挺 0.50 英寸口径或 0.30 英寸口径机枪，有时车辆两种机枪兼有。

营部和营部连

营部和营部连是营参谋部门、各种战斗支援排和班组支援武器的"集合地"。营部武器包括 14 具 2.36 英寸火箭筒、3 门 75 毫米自行榴弹炮、3 门 81 毫米自行迫击炮、7 挺 0.30 英寸口径机枪、13 挺 0.50 英寸口径机枪、29 支冲锋枪、34 支步枪、107 支卡宾枪和 3 支手枪。营部人员包括：1 名中校，即营长；2 名少校，即营执行官（Executive Officer）和作战参谋（Operations Officer）；3 名上尉，即通信参谋（Communications Officer）、航空参谋和后勤参谋（Supply Officer）；2名中尉，即行政参谋（Administrative Officer）和联络官（Liaison Officer）。营部下属军士包括：1名士官长[Sergeant major，军衔为军士长（Master Sergeant）]；作战、情报和通信主管军士[军衔均为技术中士（Technical Sergeant）]；文电收发所主管军士[Message Center Chief，军衔为中士（Sergeant）]。此外，营部还有16名文书、司机、无线电报务员和传令兵。除此之外，营部车辆包括2辆M3半履带车和4辆0.25吨卡车（即"吉普车"），以及2具"巴祖卡"火箭筒。

营部连的连部和维修分排各有1辆半履带车、1辆吉普车和1具"巴祖卡"火箭筒，行政、炊事和补给分排各有1辆2.5吨卡车和1辆1吨拖车。

侦察排排部配有1辆半履带车和1辆带"巴祖卡"火箭筒的吉普车，另外2个班各配备2辆吉普车（不带机枪）。该排负责侦察路线和集结区域，并帮助引导部队。

储存在英国的成排的M3半履带车，等待被下发给一线部队。所有这些半履带车的前保险杠上都配有绞盘。值得注意的是，为防止被敌军飞机发现，车辆引擎盖上的白星标记都被覆盖了泥土。

突击炮排的排部和弹药分排各有1辆半履带车和1具"巴祖卡"火箭筒，另外弹药分排还配有1辆装甲弹药拖车①。突击炮排下设了3个突击炮分排，每个分排各有1门75毫米自行榴弹炮。1942—1943年，该排装备了T30自行榴弹炮，即在M3半履带车底盘上安装了1门M1A1驮载榴弹炮。后来，它们被75毫米M8自行榴弹炮取代。突击炮排通常用于支援主攻部队，下属火炮极少分散配属给各连。虽然该排可以代替炮兵执行一些近距离支援任务，但却无法取代炮兵。另外，该排还可以集中起来，为炮兵提供增援，不过这只属于次要任务，不能妨碍其主要任务——提供近距离支援。在1944年12月—1945年4月，大多数装甲步兵营都接收了装备105毫米榴弹炮的M4或M4A3坦克作为突击炮。

迫击炮排排部拥有1辆半履带车，全排下属单位包括3个班，每个班拥有1辆M4 81毫米迫击炮载车。另外，上述4辆车上还均配有1具"巴祖卡"火箭筒。迫击炮排通常集中使用以发挥火力优势，但也可以班为单位配属给各连。迫击炮可以提供间瞄火力支援，打击其他武器无法攻击的目标，还可以向尚未查明敌军具体位置的区域开火，摧毁障碍物。此外，迫击炮还能施放烟幕掩护友军行动，或者让敌人"失明"。

轻机枪排排部和下属的2个分排均配有1辆半履带车。每辆半履带车上搭载有2个5人制班组，每个班都配有1挺0.30英寸口径M1919A4轻机枪。某些部队则使用0.30英寸口径M1917A1重机枪，这种武器在作为直瞄和间瞄武器时，比M1919A4轻机枪更准确，射程也更远。在运动时，上述机枪都可以安装在半履带车上，但主要由士兵携带使用。一般而言，2个前方步兵连将配属1个机枪分排，但有时，这些分排也可由营部直接控制。另外，轻机枪排排部及下属的2个分排的半履带车还各配备了1具"巴祖卡"火箭筒。

很多部队的组织结构没有严格遵守编制表。例如1945年年初，第66装甲步兵营的迫击炮排有6门81毫米迫击炮。该排被分为3个分排，每个分排各拥有2门迫击炮。该营的突击炮排则有2门75毫米M8自行榴弹炮和1辆装备105毫米榴弹炮的"谢尔曼"坦克。

---

① 译者注：为M8装甲弹药拖车或M10装甲弹药拖车，其中前者标准装载量有限，可容纳93枚75毫米炮弹；后者在1944年成为标准装备，可容纳117枚75毫米炮弹或44枚105毫米炮弹。

步兵连

在介绍1943年9月启用的组织结构之前,我们应先介绍从1942年3月开始使用的早期编制。在这一早期编制中,装甲步兵排有一个怪异之处,即排部也是第1班,有时也被称为"排长直属班"(Platoon Leader's Squad),而且在徒步作战时还有1名班长专门带领。装甲步兵排还包括机枪班和迫击炮班——但在标准步兵排中,这些部队都隶属于连武器排。装甲步兵排的机枪班有2挺轻机枪,而不是像标准机枪班一样只有1挺。排部半履带车拖带1门37毫米M3A1反坦克炮,但该火炮只有2名专职炮组人员,弹药手则由步枪手兼任。此外,这一拖带配置有时还会影响半履带车的机动性。装甲步兵连没有武器排,所有支援武器都直属于各步兵排——但当步兵排与坦克排"结对"时,这种配置能"歪打正着"产生良好效果。装甲步兵连连部也有1门37毫米M3A1反坦克炮,行政、炊事和补给分排则有1门37毫米M6自行反坦克炮(即安装在0.25吨卡车底盘上的37毫米炮,可用牵引式37毫米反坦克炮替代)。上述组织结构曾在北非使用,具体情况可参考表14。

表14 装甲步兵排(1942年3月1日)

全排共49名[①]官兵		
排部兼第1步兵班(共12人)		
排长	少尉	M1卡宾枪
排军士长(platoon sergeant)	上士	M1卡宾枪
班长	中士	M1步枪
反坦克炮手	二等兵/一等兵	M1卡宾枪
反坦克炮副炮手	二等兵/一等兵	M1卡宾枪
步枪手(×5)	二等兵/一等兵	M1步枪
替补士兵(basic soldier)	二等兵/一等兵	M1步枪
驾驶员	二等兵/一等兵	M1928A1冲锋枪
M3半履带运兵车,配备0.30英寸口径M1919A4轻机枪 37毫米M3A1反坦克炮		

---

① 译者注:原书此处计算有误,实际上是51名。

续表·装甲步兵排（1942年3月1日）

全排共49名官兵		
第2和第3步兵班(每班12人)		
班长	中士	M1步枪
副班长	下士	M1步枪
步枪手（×9）	二等兵/一等兵	M1步枪
驾驶员	二等兵/一等兵	M1928A1冲锋枪
M3半履带运兵车，配备0.30英寸口径M1919A4轻机枪		
迫击炮班(共7人)		
班长	中士	M1卡宾枪
迫击炮炮手	二等兵/一等兵	M2迫击炮、M1911A1手枪
迫击炮副炮手	二等兵/一等兵	M1911A1手枪
弹药手（×2）	二等兵/一等兵	M1卡宾枪
替补士兵	二等兵/一等兵	M1步枪
驾驶员	二等兵/一等兵	M1928A1冲锋枪
M3半履带运兵车，配备0.30英寸口径M1919A4轻机枪		
机枪班(共8人)		
班长	中士	M1步枪
副班长	下士	M1步枪
机枪手（×2）	二等兵/一等兵	M1919A4轻机枪、M1911A1手枪
弹药手（×2）	二等兵/一等兵	M1卡宾枪
替补士兵	二等兵/一等兵	M1步枪
驾驶员	二等兵/一等兵	M1928A1冲锋枪
M2半履带车，配备0.50英寸口径M2机枪		

1943年9月，美军修改了装甲步兵排编制（可参考表15）——其中保留了1942年排的组织结构，并扩编了迫击炮班和机枪班。机枪班增加了3名步枪手，这使其能在一定程度上发挥作用，并提高弹药携带量，加强部队警戒能力。新编制里卡宾枪取代了手枪，以便增强"步兵"力量。这使装甲步兵排在兵力和火力上都位居美军各类步兵排前列。值得一提的是，第1班没有副班长，不过后者有可能临时任命。另外在新编制下，排长和排军士长将分乘2辆半履带车。

装甲步兵常常穿着机械师外套或连体人字斜纹布工作服，照片中这位中尉的着装就是这样。他的人员编号似乎印在右侧口袋翻盖上，左侧可能印有他的姓名。装甲步兵有时被称为"装甲面团"（armored dough）或"闪电战面团"（Blitz Doughs）。其中"面团"这个词来自步兵的绰号——"面团小子"），但这两种说法主要出现在新闻记者笔下。

和 1942 年的装甲步兵排编制相比，在新编制中，所有班（5 个）都配备了 1 具"巴祖卡"火箭筒。37 毫米反坦克炮则撤出连部和排部——其原有任务也由火箭筒承担。之前各排的反坦克炮则被统一编入 1 个新组建的连属反坦克排，这样一来，它们就不会影响步兵排的半履带车正常机动。

表 15　装甲步兵排（1943 年 9 月 15 日）

全排共 49 名①官兵		
排部兼第 1 步兵班（共 12 人）		
排长	少尉	M1 卡宾枪
排军士长	上士	M1 卡宾枪
班长	中士	M1 步枪
步枪手（×7）	二等兵 / 一等兵	M1 步枪
步枪手（狙击手）	二等兵 / 一等兵	M1903A4 狙击步枪
驾驶员	5 级技术士官（tech 5）	M1/M1A1 冲锋枪
2.36 英寸 M1A1/M9/M9A1 火箭筒 M4 地面信号弹发射器（M4 ground signal projector） M3A1 半履带运兵车，配备 0.50 英寸口径 M2 机枪		
第 2 和第 3 步兵班（每班 12 人）		
班长	中士	M1 步枪
副班长	下士	M1 步枪
步枪手（×9）	二等兵 / 一等兵	M1 步枪
驾驶员	5 级技术士官	M1/M1A1/M3 冲锋枪
2.36 英寸 M1A1/M9/M9A1 火箭筒 M3A1 半履带运兵车，配备 0.50 英寸口径 M2 机枪		
迫击炮班（共 8 人）		
班长	中士	M1 步枪
副班长	下士	M1 步枪
迫击炮炮手	二等兵 / 一等兵	M2 迫击炮、M1 卡宾枪
迫击炮副炮手	二等兵 / 一等兵	M1 卡宾枪
弹药手（×3）	二等兵 / 一等兵	M1 卡宾枪

① 译者注：原书此处计算有误，实际上是 56 名。

续表·装甲步兵排（1943年9月15日）

全排共49名官兵		
驾驶员	5级技术士官	M1/M1A1/M3冲锋枪
2.36英寸M1A1/M9/M9A1火箭筒 M3A1半履带运兵车，配备0.50英寸口径M2机枪		
机枪班（共12人）		
班长	中士	M1步枪
副班长	下士	M1步枪
机枪手（×2）	二等兵/一等兵	M1919A4轻机枪、M1卡宾枪
副机枪手（×2）	二等兵/一等兵	M1卡宾枪
弹药手（×2）	二等兵/一等兵	M1卡宾枪
步枪手（×3）	二等兵/一等兵	M1步枪
驾驶员	5级技术士官	M1/M1A1/M3冲锋枪
2.36英寸M1A1/M9/M9A1火箭筒 M3A1半履带运兵车，配备0.50英寸口径M2机枪		
备注：上士、中士和下士均在1944年1月7日晋升一级		

1944年，美军对装甲步兵排的武器进行了若干调整。1944年8月，M3冲锋枪和M1C狙击步枪取代了M1和M1A1冲锋枪[①]，以及M1903A4步枪。同年11月，M1919A6轻机枪和M2卡宾枪取代了M1919A4轻机枪和M1卡宾枪。但除了M3"黄油枪"（Grease Gun），其他武器很少完成换装。直到战争结束，M2卡宾枪都没有配发部队，并且大部分部队也没有狙击步枪。1944年1月，M9火箭筒取代了M1A1火箭筒，随后又在11月被M9A1火箭筒替代，而且整个替换过程速度很快。另外值得注意的是，在步兵班和迫击炮班的半履带车上，0.30英寸口径水冷式重机枪经常被0.50英寸口径或0.30英寸口径气冷式机枪取代。

装甲步兵连连部分排和维修分排各有1辆半履带车和1辆吉普车，而且维修分排的吉普车还配有1辆拖车；行政、炊事和补给分排则拥有2辆2.5吨卡车（带拖车）。此外，上述分排还各有1具"巴祖卡"火箭筒。维修分排由1名

---

① 译者注：即M1928A1冲锋枪。

汽车运输专业的军官负责指挥，行政、炊事和补给分排则由 1 名上士指挥。连内不设执行官，但其工作通常由汽车运输官（Motor Transport Officer）负责。新编反坦克排（可参考表 16）拥有 1 辆吉普车（隶属于排部）和 3 门牵引 57 毫米 M1 反坦克炮的半履带车。但由于 57 毫米 M1 反坦克炮数量不足，有些部队直到 1944 年仍在使用 37 毫米 M3A1 反坦克炮。整个装甲步兵连火力强大，拥有 18 具 2.36 英寸"巴祖卡"火箭筒、3 门 57 毫米反坦克炮、3 门 60 毫米迫击炮、16 挺 0.30 英寸口径机枪、10 挺 0.50 英寸口径机枪、25 支冲锋枪、145 支步枪、78 支卡宾枪和 18 具 M7 步枪榴弹发射器（从 1944 年起每个步兵班配备 2 具）。该连还拥有由 20 辆半履带车、2 辆 2.5 吨货运卡车、3 辆 1 吨货运拖车和 3 辆吉普车。

表 16　反坦克排（1943 年 9 月 15 日）

全排共 33 名官兵		
排部（共 3 人）		
排长	少尉	M1 卡宾枪
排军士长	上士	M1 卡宾枪
送信员（卡车司机）	二等兵 / 一等兵	M1/M1A1/M3 冲锋枪
M4 地面信号弹发射器 0.25 吨卡车		
反坦克班（×3）(每班 10 人)		
班长	中士	M1 卡宾枪
反坦克炮手	下士	M1 卡宾枪
炮组人员（×4）	二等兵 / 一等兵	M1 卡宾枪
弹药手（×3）	二等兵 / 一等兵	M1 步枪
驾驶员	5 级技术士官	M1/M1A1/M3 冲锋枪
57 毫米 M1 反坦克炮 M3A1 半履带运兵车（2 辆配有 0.50 英寸口径 M2 机枪、1 辆配有 0.30 英寸口径 M1917A1 重机枪）		
备注：上士、中士和下士均在 1944 年 1 月 7 日晋升一级		

勤务连

营部的行政、补给、运输和维修资产均汇聚于勤务连。该连属于营后方梯队，但部分下属单位会随一线连队共同行动。该连拥有 6 具 2.36 英寸"巴祖卡"火箭筒、1门81毫米迫击炮、5挺0.30英寸口径机枪、6挺0.50英寸口径机枪、22支冲锋枪和53支卡宾枪。连部分排有1辆0.75吨道奇指挥车；维修分排有1辆吉普车和1辆2.5吨卡车（带拖车）；行政、炊事和补给分排有1辆2.5吨卡车（带拖车）。

补给和运输排负责用补给卡车为一线连和营部连下属单位运送弹药、燃料、润滑油、口粮和水。该排装备包括9辆2.5吨货运卡车、5辆1吨货运拖车和4辆弹药拖车、1辆0.75吨道奇武器运输车和1辆吉普车，以及3具火箭筒。维修排负责维修车辆和装备，以及回收受损车辆。该排车辆包括1辆M32坦克抢修车（采用M4坦克底盘）、1辆半履带车、1辆M1或M1A1（后者在1944年年末开始装

装甲步兵营的5个连均拥有1个维修分排，营属勤务连则有1个维修排。每个连都拥有1辆带绞盘的M3A1半履带车作为抢修车。有些单位还为该车辆安装了吊臂——其情况如图所示。

美军的 1 个装甲步兵营共有 130 辆半履带、全履带和轮式车辆，其维护保障主要由连维修分排和营维修排负责。值得注意的是，为最大限度提高牵引力，照片中这辆半履带车使用了人字形花纹轮胎。有些部队更是将轮胎反向安装，以求增强车辆在倒挡时的动力，从而方便脱离泥泞。

备）勒弗朗斯（La France）重型清障车（Wrecker）、2 辆 2.5 吨卡车（带 1 吨拖车）和 1 辆吉普车。维修排的武器包括 2 具"巴祖卡"火箭筒和 1 门安装在 M32 坦克抢修车上的 81 毫米迫击炮（用于在回收车辆时发射遮蔽烟幕，有些部队则装备了 M31 坦克抢修车，该车辆采用 M3 中型坦克底盘，且没有迫击炮）。行政和人事分排有 1 辆 2.5 吨卡车（带拖车）和 1 具火箭筒。医疗分排由营救护站、3 个担架小组、1 辆吉普车和 3 辆半履带救护车组成，每辆救护车各牵引 1 辆 1 吨拖车。另外，每个步兵连配备 2 名军医，他们均装备有卡宾枪。

装甲步兵一般与中型坦克连协同作战，后者的连指挥机构与装甲步兵连的指挥机构相似，但后者的连部分排还拥有 2 辆装备 75 毫米或 76 毫米炮的 M4 "谢尔曼"坦克、1 门装备 105 毫米榴弹炮的"谢尔曼"突击炮和 1 辆 M32 坦克抢修车。许多连并未配备"谢尔曼"突击炮,而有些连则用"谢尔曼"突击炮取代了各排的首辆坦克。每个中型坦克连拥有 3 个坦克排,每个排拥有 5 辆坦克——其中 3 辆组成"重型分排"（Heavy Section）,由排长直接领导;另外 2 辆组成"轻型分排"（Light Section）,由排军士长领导。M5A1"斯图亚特"（装备 37 毫米火炮）轻型坦克连的组织结构类似于中型坦克连,但前者的连部只有 2 辆轻型坦克。另外,从 1945 年 1 月开始,一些装甲师还接收了少量 M24"霞飞"轻型坦克,该坦克配有 75 毫米火炮。

来自连属反坦克排的 1 个车组,正准备从 M2 半履带车上卸下了 57 毫米 M1 反坦克炮。请注意车厢后部挂着乘员的"风笛包"——之前,美军更多将这些背包挂在车辆侧面,但很快发现它们会被植物和残垣断壁撕破。

武器与装备

武器

　　装甲步兵单位使用的武器与其他步兵相同，但分配方式略有不同。每个装甲步兵排拥有 7 挺机枪和 5 挺冲锋枪，因此便没有配发 0.30 英寸口径勃朗宁自动步枪（Browning Automatic Rifle，简称 BAR）。加兰德 0.30 英寸口径 M1 步枪是一种半自动步枪，配有 8 发弹匣。0.30 英寸口径 M1 卡宾枪同样为半自动设计，并配有 1 个 15 发弹匣，但其子弹比 M1 步枪和机枪子弹更短，该枪主要配发给武器操作人员、支援人员和军官。装甲步兵部队比其他部队拥有更多 0.45 英寸口径的 M1、M1A1 以及 M1928A1 "汤米冲锋枪"，它们均配有 20 发和 30 发弹匣，主要配发给半履带车驾驶员，而班长或下属人员则很少使用。从 1944 年中期开始，这些"汤米冲锋枪"开始被 0.45 英寸口径的 M3 "黄油枪"取代。

　　1944 年，美军还装备了数量有限的 0.30 英寸口径 M1903、M1903A1 和 M1903A3 斯普林菲尔德栓动步枪——平均每个步兵班配备一支。此外，在 M1 步枪配备的 M7 榴弹发射器于 1943 年年底列装前，美军还曾大量装备过带 M1 榴弹发射器的斯普林菲尔德步枪。一般来说，每个班都会配备 2 具 M7 榴弹发射器，它们可发射 M9A1 反坦克榴弹、M17 人员杀伤榴弹和各种烟火信号弹（如彩色烟幕弹和照明弹）。美军使用的手榴弹包括 Mk Ⅱ 和 Mk Ⅱ A1 "菠萝"破片杀伤手榴弹、Mk Ⅲ A1 "震荡"手榴弹、AN-M8 白烟手榴弹、AN-M14 铝热剂燃烧弹、M15 白磷手榴弹，以及 M16 和 M18 彩色烟幕手榴弹。

　　勃朗宁 0.30 英寸口径 M1919A4 气冷式轻机枪和 M1917A1 水冷式机枪都是重要武器，但后者使用较少，而且价格昂贵，经常被 M1919A4 替代。一些半履带车上还安装有勃朗宁 0.50 英寸口径 M2 机枪，它是一种火力压制武器，威力极为致命，能穿透常见掩体。这些机枪可用于打击地面和空中目标，虽然它们被安装在半履带车上，但也可以被取下，装上三脚架进行射击。

　　"巴祖卡"火箭筒是一种步兵反坦克武器，它的重量轻，可由单人携带。1942 年和 1943 年，该火箭筒的 2 个子型号——M1（拥有 2 个握柄）和 M1A1（只有 1 个握柄）——先后问世，且射程均为 250 码。1944 年中期，美军又推出了 M9 和 M9A1 火箭筒（后者拥有改进过的发射管接头附件），其射程均为 300 码。

装甲步兵排的轻型迫击炮班配有 60 毫米 M2 迫击炮。由于没有火力指挥中心,该炮无法集火射击,故更常用于攻击视距内目标,很少用于投送间瞄火力。照片中背景后方,班长正在使用 1 台 SCR-536 型电台——该电台又名"手持对讲机",但直到 1945 年年初,大部分装甲步兵部队才开始配备这种设备。

美军步兵排配有 60 毫米 M2 迫击炮，步兵营配有 81 毫米 M1 迫击炮，M2 和 M1 迫击炮的射程分别为 1985 码和 3290 码。这两种迫击炮都可发射高爆弹、白磷弹和照明弹（从 1944 年开始列装部队）。60 毫米迫击炮需从车上取下发射，但有些部队可能会用沙袋搭建 1 个平台，使其能从半履带车后部发射。81 毫米迫击炮安装在 M4 迫击炮载车上，并配有从车上取下后发射所需的双脚架和座钣。

57 毫米 M1 反坦克炮是英军 6 磅 Mk 2 反坦克炮的美国仿制版，但前者的炮管更长。M1 反坦克炮是一种作战利器，它能在 1000 码外穿透 3 英寸的装甲，还能针对"豹"式坦克侧面和后方弱点进行致命打击。该火炮配有普通穿甲弹、被帽穿甲弹和高爆弹，但高爆弹直到 1944 年年底才问世——其作为支援武器的价值才有所提升。突击炮排配有安装在 M5 轻型坦克底盘上的 75 毫米 M8 自行榴弹炮，因为该坦克拥有顶部敞开的炮塔和非常薄的装甲，因此它不适合直接执行近距离突击任务。该榴弹炮的火炮射程为 9600 码，可携带 46 发炮弹，同时还配有 1 挺 0.50 英寸口径机枪。

半履带车携带的 M1A1 反坦克地雷，能使步兵在建立防御后迅速设置反坦克障碍，或在己方前进期间阻止敌军从侧翼接近。有时，这种地雷可能会直接摆放在地面上，并随着部队前进回收。M1A1 反坦克地雷重 10.8 磅，其中装有 6 磅 重的 TNT 炸药，其外观为橄榄色，标识为黑色，底部有 1 条黄色色带，引信装填盖也为黄色。

半履带车

半履带车的研发始于一战末期，但直到20世纪20年代中期至30年代初期才得到美国陆军的重视。美军首批半履带车的设计受到法国雪铁龙-凯格雷斯（Citroen-Kegresse）半履带车设计的影响。最初，美军并未计划给半履带车安装装甲，而是准备将其作为火炮牵引车使用，并执行一些勤杂工作——如铺设野战电话线。

本质上，半履带车是一种卡车，只是后轮为履带系统。履带产生的接地压力较小，因此能穿越雪地、泥泞和松软地面。同时，履带还能增强牵引力，并使车辆穿越起伏地面和瓦砾地带。半履带式装甲车的前保险杠上原本安装了一个滚筒，可以帮助车辆穿越堑壕和沟壑。只是这种装置作用非常有限，后来被1个缠绕200英尺钢缆的绞盘取代，这样车辆就能利用绞盘自行脱困。虽然半履带车前轮有动力驱动，但很容易被反人员地雷破坏。在越野能力上，半履带车优于卡车，但不及重型全履带车辆，它只能克服普通险峻地形和障碍，并不能与坦克共同行动。半履带车使用的12英寸履带是重型连续橡胶履带（带抓地齿），而不是坦克所用的钢制履带。20世纪30年代末，美国陆军又开发了可充当牵引车、武器载车和支援车的轻装甲半履带车，以及能与坦克共同行动的装甲运兵车。1940年9月，美军对上述三种半履带车进行了标准化修改。

M2半履带车不如M3半履带车常见，但它们的设计几乎一致，并且两车的"轴距"（此处指从前轮中心到履带系统中心的距离）也完全相同，只是前者载员舱比后者载员舱短了10英寸。M2半履带车主要用于拖曳反坦克炮、轻型火炮和其他牵引式武器，载员舱可容纳10人。M3半履带运兵车的载员舱较长，可容纳13人，并较M2半履带车多1扇后门。该车可以运载一个步兵班，也可为各种武器充当自行底盘（Self-Propelled Mount），最终，M3半履带运兵车与后期生产改型的车辆一道充当了装甲步兵的"军马"。

M4迫击炮载车由M2半履带车改装而成，配有1门向后发射的81毫米M1迫击炮、多个弹药箱（96发）和迫击炮专用设备。该车可容纳6名乘员，并设有1扇后门。但在北非战场，部队人员发现向后发射的迫击炮并不是最佳选择——因为这需要将车辆转弯180度，并倒车进入阵地，何况迫击炮本身的左右旋转范围有限（左右均为65密位）。于是一些部队对车辆进行了野战改装，将迫击炮转向前方，令半履带车可以直接停车执行火力任务，然后再开往别处。

照片中的半履带车车头安装有滚筒，该装置可以帮助车辆穿越沟渠、溪岸和沟壑等障碍，防止半履带车的前保险杠扎进堤岸。

战前拍摄的 3 辆 M3 半履带车，这些车辆的前保险杠上没有安装滚筒，而是安装了绞盘。通常情况下，只有连队的维修分排才会配有 1 辆带绞盘的半履带车，但美军并没有严格执行这一规定，因此半履带车的配发数量并不固定。此外，照片中的 3 辆半履带车都配有 0.50 英寸口径 M2 机枪。

照片中展示了反坦克炮弹对 M2 半履带车造成的破坏——车辆弹药箱中存放的弹药发生了爆炸，导致整辆车被点燃。虽然德军将 3.7 厘米 Pak35 和 Pak36 反坦克炮戏称为"敲门环"（Türklopfer，原因是对大部分坦克无效），但由于美军半履带车装甲防护较弱，该型火炮仍然能对其构成致命威胁。

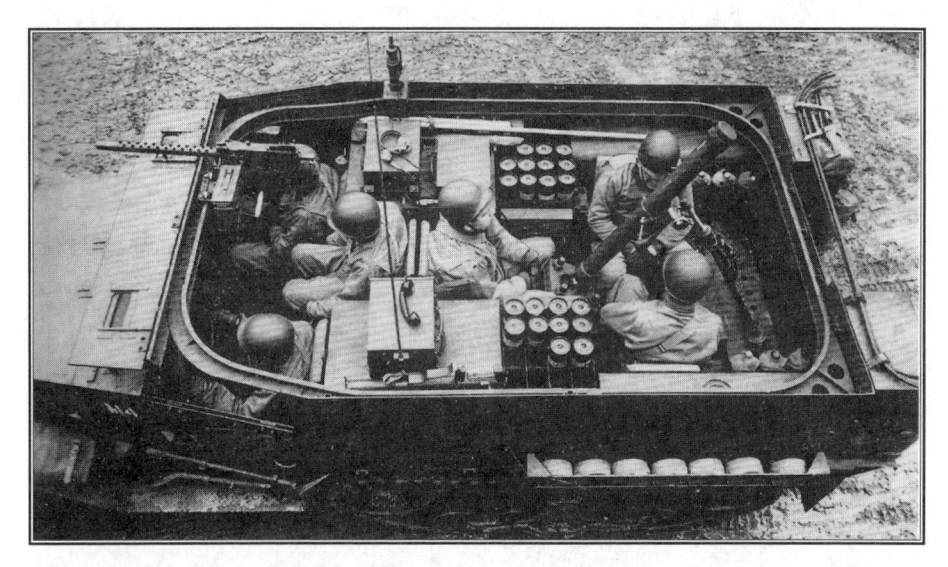

照片中的 M4 迫击炮载车是早期生产型。请注意车上的 81 毫米 M1 迫击炮是朝向车辆后方的。车厢四周有 0.30 英寸口径 M19191A4 机枪的滑轨，可以让机枪处于任何位置。此外，该车内部还额外设有弹药舱，且弹药舱顶部安装了 SCR-509 型和 SCR-510 型电台。

　　半履带车拥有各种人性化的配置，如软垫座椅和靠背——使乘员可以在高速越野行驶时保持舒适。半履带车上还有单兵武器挂架、手榴弹存放处、装备存放空间（在乘员座椅后方）、小型装备隔舱、外部工具和装备挂架、机枪三脚架存放处，以及两个 5 加仑汽油罐托架。在较晚生产的车辆外部还有反坦克地雷挂架。M2 半履带车的载员舱前部两侧设有大型弹药箱，旨在为拖曳武器存放弹药，并可从舱顶或外部侧门存取。大部分型号的半履带车可存放 700 发 0.50 英寸口径子弹、7750 发 0.30 英寸口径子弹和 6 枚火箭弹。此外，大部分半履带车的驾驶室和载员舱都是敞开的，导致该车人员会受到天气的影响，并面临空爆炮弹和手榴弹威胁。尽管该车配备了由弓形支架撑起的帆布顶棚，但是这一装置会遮挡人员视野，不利于人员发射车载和单兵武器，也不利于人员从两侧跳车，因此在野战中帆布顶棚很少被使用。

　　最初，半履带车的武器是载员舱前方基座上的 0.50 英寸口径 M2 重机枪，车体两侧还往往安装有 1 挺 0.30 英寸口径 M1919A4 轻机枪（最初配备的是水冷式 M1917A1 机枪）。早期生产的半履带车是把 0.30 英寸口径机枪安装在滑轨（位于两侧，并在后部弯曲）上，后来这些滑轨被 3 个简单的安装支架取代（两侧各 1 个，后部1个）。早期生产的M4迫击炮载车则在四周设有滑轨，上面有1个支架，可安装1挺0.30英寸口径机枪，但后续型号则在两侧各安装了1个0.30英寸口径机枪支架。而在现实中，大部分半履带车只会携带1挺机枪。

照片中是M3A1半履带原型车。驾驶员座椅上方是一个箱形的M49机枪枪座。车辆右前挡泥板上有一大捆36×44英尺的伪装网，该伪装网卷在帆布罩中，以防止被树枝和灌木丛卡住。该车的侧面支架上放着M1A1反坦克地雷。

半履带车的装甲很薄，前部为均质钢板，侧面、后部和底板为表面硬化装甲，厚度均为0.25英寸（约合6.5毫米），挡风板装甲厚0.5英寸（约合13毫米）。半履带车挡风板和侧窗均有观察缝，并可用滑动板关闭。后来的M5和M9半履带车四周装有十六分之五英寸（约合8毫米）的均质装甲，挡风板装甲厚八分之五英寸（约合16毫米）。但这并不是对防护能力的升级，而是由于均质装甲质地"更软"，于是只好用厚度作为补偿。车上几乎所有装甲都是垂直的，只有车体前部的百叶窗式格栅和挡风板除外。上述装甲只能提供最基本保护，即勉强抵御轻武器火力和弹片。在近距离，它们可能被德制7.9毫米圆头弹从垂直角度击穿，更无法抵御7.9毫米硬化钢芯穿甲弹。前线部队还经常抱怨，子弹在穿透半履带车一侧后，经常在车内来回弹跳，这导致半履带车被称为"紫心盒子"。半履带车在面对反坦克炮、"铁拳"和类似武器时完全不堪一击，更无法抵御突击炮和坦克火力。甚至是小型杀伤人员地雷也能炸坏半履带车的前轮胎，而坦克却能强行通过此类雷区。

半履带车的驾驶舱和载员舱顶部完全敞开。如果炮弹在半空中和树枝上爆炸，就会对乘员造成严重威胁。当车辆在斜坡上行驶时，载员舱也可能会中弹，更不用说乘员还会暴露在手榴弹和来自多层建筑的火力之下。载员舱左右两侧各有1个30加仑油箱——在M3半履带车上，这些油箱位于前部；在M2和M4半履带车上，其位置靠后，但所有油箱均具有自封能力。此外，驾驶舱内还装有1个重4磅的灭火器。

1942年，美军对半履带车的替代型号进行了标准化。同年6月到7月期间，相关工作分别在M5运兵车和M9半履带车上完成（但M9半履带车从未投产，后来被M9A1半履带车取代）。事实上，M5和M9半履带车都是M2和M3半履带车的翻版，只是生产厂家不同，这些车辆从1942年年底开始交付。在此期间，美军在各种半履

照片中这辆半履带车的挡风板上方加装了1个架子，使其可以放置10个0.50英寸口径子弹箱。另外，还可以从照片中看到架子上挂着的"风笛包"。根据保险杠编号，这辆M3A1半履带车来自某营E连，因此可以断定其隶属于第3装甲师第36装甲步兵团第2营，或第2装甲师第41装甲步兵团第2营。

带车驾驶室右侧增加了一个 M49 箱式环形机枪枪座，并由此衍生出 M2A1、M3A1、M5A1 和 M9A1 等型号。其中 M3A1 半履带车不仅有新造车辆，还有一些由 M3 和早期生产的武器载车改装而来。[1]部分 M5、M5A1 和 M9A1 半履带车被部队用于本土训练，其他则大部分根据《租借法案》交给英联邦国家、自由法国和苏联使用。在战场上，M3A1[2]同时扮演着运兵车和多用途车的角色。1944 年 3 月，美国停止了半履带车的生产。

1943 年 5 月，美国开始生产一种新式迫击炮载车，即 M4A1，其迫击炮左右旋转范围有所扩大（左右各 300 密位）。美军还对 M3 迫击炮载车进行了改进，并推出了 M21 迫击炮载车。该车辆于 1944 年 1 月开始生产，配备了一门向前发射的迫击炮，只是使用范围较为有限。此外，该车还安装有 1 挺 0.50 英寸口径机枪，而非 0.30 英寸口径机枪。

在载员舱方面，M2 半履带车比 M3 半履带车短 10 英寸，其他方面的规格则完全相同。M2 型半履带车拥有 1 个弹药舱，这是它特有的设计——该弹药舱舱门位于驾驶室车门后方，在照片中处于打开状态。

---

[1] 译者注：M2 系列半履带车由奥托卡公司（Autocar）和怀特汽车公司（White Motor Co）生产，M3 系列半履带车由钻石 T 汽车公司（Diamond T Motor Car Co）和奥托卡公司生产，但 M2 和 M3 系列的迫击炮载车均由怀特汽车公司生产。M5 系列和 M9A1 半履带车由国际收割机公司（International Harvester Co）生产，而 M5 系列的迫击炮载车依旧由怀特汽车公司生产。此外，还有一些火炮载车被改装为 M3A1 半履带车，其型号包括 75 毫米 M3 火炮载车、57 毫米 T48 火炮载车，以及 105 毫米 T19 榴弹炮载车。

[2] 译者注：原文为"M3A2"，有误，已改正。

照片中是1辆M3A2半履带车,该车的M49机枪枪座上安装有1挺0.50英寸口径M2机枪。在弹带上,子弹似乎每5发为一组,其中包括2发穿甲弹、2发燃烧弹,以及1发可能是穿甲弹、燃烧弹或曳光弹。另外该车车尾还挂着伪装网。虽然在1944年,德军飞机已屈指可数,但友军飞机的误击威胁仍不可小觑,这导致半履带车乘员必须对所有飞机保持警惕。

战术：理论与能力

对于直接支援步兵的坦克来说，速度并不重要，只需"赶得上步行"即可，但对于负责突破的坦克来说，它们必须尽快行动，以便朝敌军后方长驱直入。虽然很多人都认识到负责突破的坦克需要一些步兵支援，但许多装甲部队的拥护者则不以为然。因此导致了所有军队的步兵和装甲车辆的比例都出现过失调，这让美军在二战初期付出了高昂代价——直到1943年，他们才完全吸取了经验教训。

事实上，在战争的大部分时间里，美军都没有为装甲步兵制定正式条令。虽然一些装甲兵手册曾提及装甲步兵的运用和整合，但其内容大多流于表面。直到1944年11月，美军才出版了连级和营级的装甲步兵手册，但由于此时战争已近尾声，故其价值实际相当有限。同时很多部队则自行完善了战术和战法，但规定和手册往往大相径庭。举个例子，在任务编组和作战指挥领域，部队的实际做法和官方条令经常有巨大差异。事实上，上述官方手册大多参考了战前和战争初期的演习情况，以及源自从北非得到的经验教训——其内容已经过时。而且就像从1942年开始制定的一些坦克兵手册一样，对于坦克和装甲步兵如何相互支援、协同作战，这些手册也很少做描述。例如，装甲步兵手册中有1个"图解想定"（Illustrated Problem），内容是攻击一处阵地。根据手册描述，装甲步兵承担所有攻击任务，而中型坦克连则充当预备队，从未投入战斗。但在实践中，坦克连通常会在装甲步兵支援下打头阵。1943年1月，美军出版的《装甲部队行动规程》（Armored Force Drill）手册中，介绍了装甲步兵和坦克部队（从排级到营级）的所有可能队形，以及它们的变换方式。但在该手册中，部队协同作战的队形却是分开论述的——其中没有展示综合队形，更没有进行讨论。许多老资历的装甲步兵指挥人员甚至不知道该手册的存在。

装甲部队、军和其他司令部还经常向指挥官下发战后报告和训练备忘录，但它们的内容往往相互矛盾。另外，他们还研究了英军的战斗报告。虽然这些文件指导意义有限，但仍让很多人深信不疑，甚至还将文件内容积极用于实战——因为他们相信，其内容已得到了久经沙场之人的检验。此外，美军还把未来的团级和师级指挥官派往北非观战，以便就地向指挥官和参谋人员学习第一手知识。在此期间，他们肯定得到了一些启发，但最终显然没有转化为标准战术。另外，各师也根据自身的研究和演习经验制定了一些步坦协同措施。一般来说，各装甲师使用的战术战法都来自指挥官的个人见解，同时还会参考参谋人员和下属单位指挥官的意见。这些战术战法都是在训练中不断试错发展出来的，并在战斗中不断接受完善，它们还会根据后续经验教训、新武器和装备、当地地形和天气，以及敌军的新战术持续调整改进。

装甲步兵的训练

美军装甲步兵的补充兵训练单位是 15 个独立装甲步兵营，但它们只能为人员提供基本步兵和小分队作战训练。而且为补充前线各师，这些营均在 1943 年宣告解散，还有一些人员甚至被调往普通步兵单位。这导致在初上战场时，几乎所有美军装甲步兵的补充兵——包括士官和军官——都与普通步兵毫无区别。他们没有任何装甲步兵专业知识，大多数人甚至没有见过半履带车。补充进来的班长、排军士长和排长需要由半履带车驾驶员提供指导，甚至要告诉他们应当在车上哪个位置就座。在补充进来前，这些排长大多都在佐治亚州本宁堡接受过 6 周战术训练，但其中没有任何训练内容与装甲步兵有关：训练重点主要是熟悉武器，以及火力与机动课程，而实际战术演练几乎为零。在 1944—1945 年冬季，美军装甲步兵的补充兵一度出现严重短缺，这让上述训练问题雪上加霜——有些步兵甚至没有接受过多少训练，便被分配到战区，并加入了装甲步兵营。甚至从美国本土抵达的单位也饱受训练不足之苦。有的营刚刚完成一整轮训练，就被迫将一些士官和专业人员派往新单位，以便为后者提供骨干，至于缺额则会在海外部署前夕由缺乏训练的补充兵补全——这无疑会削弱部队的凝聚力和信心。

虽然在战争中，装甲步兵部队总体表现良好，但由于领导层人员训练不足，其效率有时并不理想。装甲步兵部队都是诸兵种合成部队，甚至较小的排级单位都不例外——例如，步兵排有自己的迫击炮班和机枪班，还有安装在 5 辆半履带车上的机枪。此外，各排还必须经常——而非偶尔——与坦克协同作战。

由于部队会接受重组，加上新武器装备不断抵达前线，上述问题变得更加复杂。对于新武器装备，部队训练时间总是很短，甚至完全为零。有些部队得到了火箭筒，但根本不会使用——因为他们没有使用手册，也无人接受过使用训练，因此只能等待受过训练的补充人员加入进来。

该照片拍摄于加利福尼亚州沙漠训练中心（Desert Training Center）的演习期间，照片中是 1 辆 M3 半履带车。该车保险杠上的编号并不标准，车尾的伪装网已被拉开，以便为 0.50 英寸口径机枪提供开阔射界。沙漠训练中心位于莫哈韦沙漠（Mojave Desert）之中，该规模极为宏大，美军第 3、第 7、第 9 和第 11 装甲师都在当地进行过演习。尽管这几个师都未曾在北非作战，但得益于训练中心的广阔空间，他们可以自由机动和进行实弹射击，并因此受益匪浅。

单兵和小分队训练在装甲步兵营内进行。根据 1943 年 9 月 12 日发布的《步兵训练纲要》（Infantry Training Program），装甲步兵应首先接受标准步兵训练，然后再接受装甲步兵专业技能训练。正如表 17 所示，这两种训练的范围和重点差别很大。

组建 1 个装甲步兵营要经历组织、装备和训练等几个步骤。之后，该营才会被派往海外。在部队成立后，由军官、军士和专业人员组成的部队骨干将首先聚集起来：其中一些来自训练单位，另一些则从现有部队中抽调，从而为部队组建提供了最基本的有经验的核心人员。随后，新兵将抵达部队，他们大部分都是义务兵，而且未经训练。在来到部队后，他们将先接受基础训练，随后再接受专业和技术训练——这些训练全部由士官和军官骨干提供。武器装备训练将与小分队训练（班、分排、排）相结合。武器操作人员、班和专业部队小组也会在此期间接受他们的本职工作培训。接下来是排级和连级训练，其中一些在远离部队驻地的演习场进行。营级训练将作为师级演习的一部分进行。另外，大部分装甲师都参加过"路易斯安那""田纳西"或"卡罗莱纳"等大型演习。在师级演习期间，陆军部会设法确定该师是否做好了海外部署准备（在此期间，师可能先后在2—3个地点驻扎，以便在不同类型地形上积累机动经验）。之后，他们会转移到另一个地点，以便准备部署，然后再开赴登船港口。在英国停留期间，他们通常有一些时间额外开展战术训练和射击训练——规模至少为小分队一级。然而，自第7装甲师起，各师在抵达法国之前只会在英国停留大约2个月，其中有的师甚至直接从美国开赴法国。在此期间，他们几乎无暇进行训练，并把所有时间留给了必要的维修、准备和集结工作。

表17 不同步兵班的训练对比

普通步兵		装甲步兵	
科目	小时数	科目	小时数
昼间和夜间巡逻行动	8	步兵战术训练	16
昼间和夜间侦察与观察	8	昼间和夜间乘组与班组战术	56
刺刀训练	8	刺刀训练	8
0.30英寸口径步枪训练	68	0.30英寸口径机枪训练	32
0.30英寸口径自动步枪训练	38	车组作业规程和车辆维修	4
总计	130	总计	116

运动队形

各级部队采用的运动队形大体类似。在确定队形和单位间距时，指挥官应首先考虑部队是在接敌运动中，还是已经与敌人交战，随后再根据地形、能见度、接近路径（Avenue of Approach）、敌情、任务，以及命令附件中的规定做出具体选择。在横队、零星队形、楔形队形和倒楔形队形中，部队指挥官的座车将位于中央位置；在纵队和梯形队形中，部队指挥官的座车将位于先导位置。在各种规模的部队中，其下属单位都可以相似方式展开，部队运动队形可概括为以下几类：

倒楔形队形——又名V形队形，两个单位在前，一个单位在后。这种标准的"两

侦察排

营指挥所

75 毫米突击炮排

机枪排

81 毫米自行迫击炮排

医疗半履带车

步兵连

步兵连

医疗半履带车

步兵连

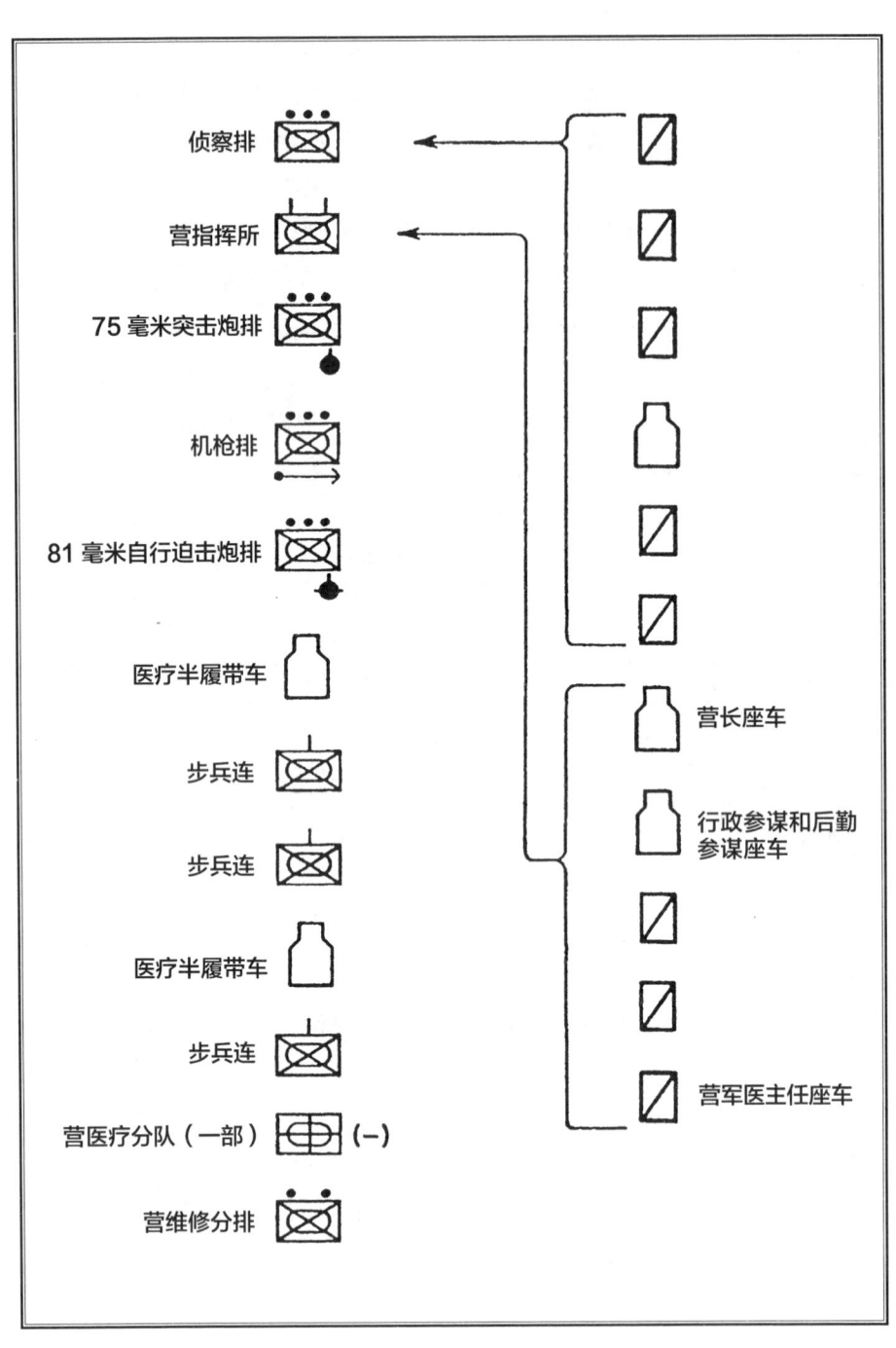

营医疗分队（一部）　（一）

营维修分排

营长座车

行政参谋和后勤参谋座车

营军医主任座车

典型的装甲步兵营非战斗行军队形。

前一后"队形可以覆盖广阔的正面,后方单位可以支援前方单位,或者向两翼移动。

楔形队形——一个单位在前,两个单位在后,并可向左或向右倾斜。当两翼都不安全,或情况表明敌人可能从一个侧翼进行包围或包抄攻击时,部队将采用这种队形。

梯形队形——各下属单位以"阶梯"或倾斜队形,向其中一个侧翼(即暴露的侧翼)展开。

纵队——各下属单位鱼贯前进,这种队形主要在道路上、狭窄的路径,以及侧翼安全时采用,其特点是易于控制,运动速度也最快。

横队——只适用于徒步班和排,徒步机枪和迫击炮班可随排行动,或提供火力支援。

菱形队形——步兵排的基本队形,不适合坦克部队。

排长座车和其他2个步兵班组成楔形队形,且排长和第1班位于"顶点"处,迫击炮班和机枪班在楔形队形后方以横队展开。无论连队采用横队、纵队、梯形队形、楔形队形还是倒楔形队形,其下属各排均可组成菱形队形。这样的布局便于全方位观察,并使半履带车能够用机枪向各个方向射击。下属单位未必和上级单位采用同一种队形,队形的具体安排应取决于地形和战术形势。例如,1个连可能采用倒楔形队形,并让2个前方排组成横队,从而覆盖广阔的正面,而后方的支援排则可能组成纵队。

在战斗中,连部车辆(不含连长座车)将构成全连的后方梯队,并与营属勤务连共同行动。根据一些手册插图,连长乘坐的半履带车应位于队形前方,但在现实中,该车更多位于队形中央和后方,或在先头排之后,以便观察和控制队形。有些车辆(如装甲抢修车和装甲救护车)也可能随连队行动,例如跟在队伍后方,或是直接编入队形(如在第2排和第3排之间)。对于反坦克排,情况也是如此,但有些手册中对此缺乏规定。在非战斗行军(Administrative Move)时,连部车辆会跟随连队主力。

坦克和装甲步兵的部署

对于坦克和装甲步兵来说,协同行动是一种常态,绝非特例。此时,全部或大部分坦克通常会部署在前方,步兵则在后方跟进,只有在必要时才会上前。在依照"结对"概念行动时，坦克排和步兵排将组成混合队形，可能坦克在前、半履带车在后，也可能根据部队标准行动规程，在联合队形中混合编组。

步坦协同需要坦克手和装甲步兵密切合作。在照片中，他们正在共同研究预定的前进路线。

在战斗中，部队可能根据经验偏好、地形、敌情、战术，以及能见度允许的分散程度进行各种运动，而且其中有无数组合。以接敌运动为例，典型顺序是装甲步兵连和坦克连以疏开队形前进，而侦察排和（或）轻型坦克将在纵队前方侦察，并且担任向导。侧翼警戒的规模将取决于地形和敌方部署，但由于警戒活动会减缓纵队前进速度，因此部队应尽量减少投入兵力，并将其控制在最低限度。当接近目标或遭遇敌人时，纵队将展开为更分散的队形，以便尽量让更多武器参战。经验丰富且谨慎的指挥官不会贸然攻击，而是会等待坦克、坦克歼击车、反坦克炮、迫击炮和远程火炮部署完毕，并组成适当攻击队形。如果部队士兵经验丰富，就可以迅速完成上述动作，从而一鼓作气，不给敌人反应时间。随后，坦克将向前推进，步兵将从半履带车上下车,与坦克会合,而半履带车会组成(或保持)斜线(Enfilade)队形,但有些半履带车可能向射击阵地转移。

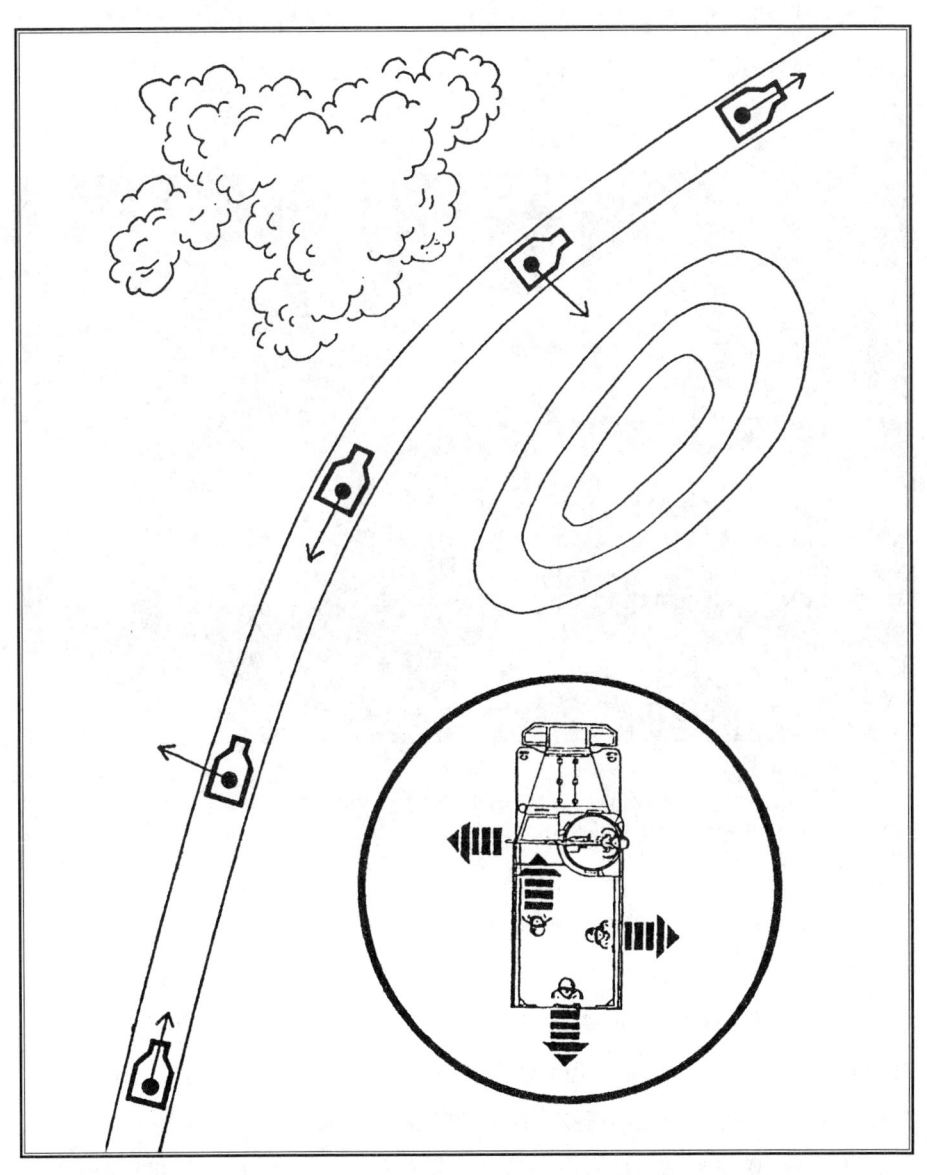

装甲步兵排行军途中的对空警戒:机枪指向前方、右方、后方和左方,每辆半履带车还应指定1名观察员,以便观察周边空域。此外,这种武器还能攻击地面目标。

在配属给坦克营时，装甲步兵连可能派遣 1 个步兵排跟随先头坦克排，并让其余部队跟随该坦克排所在的连队；也可能让 1 个坦克连打头阵，步兵连尾随，并让其余 2—3 个坦克连在步兵连后方跟进。另一种可能是先头步兵连和坦克连下属各排相互"结对"，然后纵队中第 2 个连是坦克连，后方是另 1 个步兵连，以此类推。突击炮排和迫击炮排等部队将根据具体情况部署在最适合投入战斗的位置。

在抵达一个十字路口后，几辆装备 76 毫米火炮的"谢尔曼"坦克向旁边的街道展开。但照片中没有步兵——这可能是由于"铁拳"或其他反坦克武器频繁开火，导致步兵被迫与坦克保持距离，也有可能是步兵正在坦克前方肃清疑似火力点。

在坦克营中，轻型坦克连经常被拆散。该连（或连的一部分）可能直接隶属于战斗指挥部，并充当侦察单位，也有可能拆分为排，并配属给坦克营和装甲步兵营，以便执行侦察或侧翼警戒任务。该连坦克的用途之一是在夜间或森林中跟随步兵——一旦与敌军接触，坦克就会在向导的带领下前进，并用机枪和 37 毫米榴霰弹打击敌人（37 毫米榴霰弹装有 122 枚铅球，既能有效打击缺乏掩护的部队，又能扫清植被和敌人伪装）。虽然有些人认为轻型坦克已经过时，但在实战中，它们仍有一些用武之地。例如，有些泥泞可能会困住"谢尔曼"坦克，但轻型坦克却能从容穿过。此外，轻型坦克还可以穿越树木和起伏的地面。坦克歼击车排或连也可以被编入营和连队形，但这些复合队形可能相当复杂，并且有大量变化，其具体形式将受到许多因素的影响（队形示例可见本书第200页和第202页）。

班和排

　　半履带车大体上是一种步兵运输工具，而不是战斗车辆。它不会与坦克并肩作战，步兵也不会搭乘它直接参与战斗。《半履带车乘员行动规程》(*Crew Drill for Half-Track Vehicles*)手册中指出："乘车轻武器射击——在乘车状态下，如需用步枪或卡宾枪射击，班长应停车，并在开火命令中指定班组中的射击人员。在车辆行驶期间，用步枪或卡宾枪射击意义不大。"半履带车装甲太薄，车顶敞开，容易遭到攻击，而且无法在崎岖地形的战斗中跟上坦克。事实上，装甲步兵都是乘车进入战场，然后下车徒步作战——就像以前的龙骑兵。大多数单位会在与敌人接战时下车，或在随行的装甲车辆遭遇敌方火力时下车，然后徒步上前支援坦克。半履带车可以留在最近的掩体或隐蔽物后面，很多部队至

装甲步兵排成疏开队形穿过一片空地，并试图搜索远处的森林。值得注意的是，在右侧的房屋旁，1辆半履带车正准备提供机枪火力掩护。

少会用一部分半履带车为下车的步兵提供机枪火力掩护，但也有部队将其视为防御和防空武器，很少会用车载机枪提供火力支援。有时，半履带车会进行机动，以便朝不同敌军阵地开火，车辆会跟随步兵和坦克前进，以确保支援持续不断。半履带车还可用于掩护暴露的侧翼，或是保护进攻部队后方和补给线。在防御中，半履带车可被用作机动射击平台，并充当安放备用弹药、口粮和装备的"基地"。有时，它们还会用于将伤员和俘虏从战场撤离。

驾驶员和1—2名班组成员将留在半履带车上操作机枪，同时，其他小队成员也经常将信件等个人物品交给驾驶员保管。机枪手将由班组成员轮流担任，以便让每个人都能休息——有时，甚至轻伤和生病的士兵也要承担这项任务。全排的车辆一般由1名军士统一管理，他可以是在场的军衔最高者，也可以是排军士长、迫击炮班长或机枪班长，也可以是需要休整的步兵班长或副班长。在班组中，9名步兵分别被编为1号—9号：其中4号是"巴祖卡"火箭筒射手（即"火箭筒手"），5号是火箭筒装填手，但所有班组成员都要接受火箭筒操作训练。如果需要火箭筒，班长就会在下车时命令"带火箭筒"，如果不需要，他就会命令"不带火箭筒"——此时4号和5号成员将充当步枪手。6号和7号成员负责充当侦察兵，不过这种做法并未持续很长时间。如果机枪从半履带车上取下，1号、2号和3号步枪手负责操作它，并接受副班长指挥。在机枪班中，2名步枪手将在必要时担任"巴祖卡"火箭筒射手。以下是一个第9装甲步兵营（隶属于第6装甲师）下属步兵的战例，他们把半履带车被留在后方，试图依靠坦克瓦解敌方防御：

……一些我军坦克在山丘后方就位，位于反斜面上，开始向城镇射击。一辆坦克爬上山坡，直到找到合适位置，以便让火炮露出山顶（车身保持隐蔽）轰击目标。然后这辆坦克会倒车隐蔽，而另一辆稍远一点的坦克则会开过来做同样的事。坦克停止射击后，我们的装甲步兵把半履带车留在山丘后方，以疏开队形向城镇前进。在穿过一片甜菜地时，我们遇到一座地下掩体，它与地表齐平，而且伪装极好，让我差点掉进入口。地下掩体里面有德国人，1名军士试图让他们投降，但遭到拒绝。于是我们向碉堡开火，然后进入碉堡，以确保敌人不再抵抗。在半履带车的部署方式上，甚至一些部队都无法达成内部统一。据说即使是同一个连的不同排，也会根据部队领导的经验和喜好，以不同方式使用半履带车。

1个步兵班围绕在M3半履带车周围。步兵并不将半履带车视为装甲战斗车辆,而是将其视为"运输工具"和"移动房屋"。

每个班都拥有1部半履带车,其成员就可以摆脱步行。另外,即使没有帆布顶篷,半履带车也能稍微遮风挡雨(一般情况下,车辆只有在非战斗行军时才会安装顶篷,但即使如此,车上人员在冬天仍然会感到寒冷)。装甲步兵能随车携带大量备用弹药、口粮和水,而不需要连队后方单位每天补充:一般情况下,其携带量可以满足3天所需,此外还有一些备用弹药,以避免补给不继。他们还会携带大量"舒适物品",包括单灶火炉(One-Burner Stove)、汽油灯、炊具、洗脸盆、水桶、5加仑水罐、洗衣用品和战地纪念品等。每辆半履带车都配有1张36英尺×40英尺的伪装网、1个汽车工具包、1个急救包、1个D型手柄铁锹、1把鹤嘴锄、1把4.5英尺的横切锯,外加1把单刃斧——它们可以在掘壕时取出,为步兵携带的小型工兵铲提供补充。另外,多余物件会挂在车身两侧或外部储物架上,它们是如此之多,以至于让半履带车就像是吉卜赛人的大篷车。装甲步兵可以随车携带睡袋,再搭配从解放地区获得的棉被,因此他们不用像普通步兵一样需要等待和指望连辎重队运送这些装备。他们可以在载员舱顶上铺一块帆布油布,从而让整个班保持温暖,此外,他们还可以将油布的一端钉在地上，然后从车辆一侧斜挂出去，以此为自己提供一个遮风避雨的庇护所。各班一般会将 K 口粮和 C 口粮收集在锅碗瓢盆中做饭，有些人还想出了在发动机排气管上加热 C 口粮罐头的办法。由于车辆有存放空间，因此他们还可以携带备受欢迎的"十合一"口粮（每份口粮均包括 10 人的一日三餐）。

2 名身着 M1943 冬季野战服的装甲步兵正在前线大嚼感恩节晚餐，其中还有火鸡。值得注意的是，左侧男子上衣开口处还夹着 1 支 TL-122 型手电筒。

各班还可在半履带车中存放其他武器，如机枪、火箭筒和地雷。下车作战时，班和排的运动队形与普通步兵基本相同，但有一些细节调整。① 第 1 班比第 2 班和第 3 班规模更小，而且各班均未配备勃朗宁自动步枪。机枪班拥有 2 挺机枪，无论是哪种徒步队形（如纵队、横队、倒楔形队形、楔形队形，以及梯形队形），该班都可能被安排在队形后方，以便进入中央或侧翼射击位置，或者将机枪配属给

---

① 译者注：参见《二战战术手册：步兵战术》一书。

特定的步兵班。另外，步兵班从半履带车上拆下 1 挺 0.30 英寸口径机枪，并依托三脚架使用。迫击炮班位于队形最后方，并需随时准备好提供支援。

在实际战斗中，很多班的兵力都会严重不足——其原因不仅有战斗伤亡，还有因为疲劳、疾病和事故导致的受伤。此外，经常有一两辆半履带车因机械故障"趴窝"。部队经常损失惨重，有时全连只有 40—50 人，各排可能只有 20—30 人，机枪班则与 2—3 个缩水步兵班合编。有些单位则很少使用排属迫击炮，因此迫击炮班可能被保留，也可能被解散。在某些情况下，缺编的机枪班和迫击炮班将相互合并，并会根据需要只使用 1 种武器。关于损失情况，第 9 装甲步兵营的 1 个连为我们提供了一个数据：经过 10 个月战斗，该连有 89 人死亡、292 人受伤，另有 19 人失踪或被俘——总损失几乎是额定兵力的 2 倍。

任务：步兵连

步兵连可能与坦克连长期"结对"，也可能轮流配属给坦克营的不同坦克连。在后一种情况下，作为交换，坦克营也可能将 1 个连配属给装甲步兵连所在的装甲步兵营。虽然步兵排有可能与坦克排"结对"，但将 1 个装甲步兵连配属给坦克营时，该连却很少被拆分为排，进而均分给各坦克连，因为此举会过度分散兵力——相比之下，将全连集合起来效果无疑更好。不过，在某些情况下，配属给坦克连的步兵排也能发挥作用，尤其是在敌方步兵威胁有限时。

通常情况下，坦克位于队形前方，步兵则乘车跟随，并在必要时下车提供支援或保护。反坦克排位于更靠后的位置，麾下 3 门火炮可能集中部署，也可能分开提供火力掩护，但会确保射界重叠。在防御行动中，所有反坦克炮可能部署在主防线上，但也有一些可能部署在战斗前哨线（Combat Outpost Line）上，或覆盖单位之间的空隙（以及暴露的侧翼）。

装甲步兵连可执行多种任务，而且经常"身兼多职"，包括：

1. 跟随坦克进攻，摧毁残余抵抗力量。
2. 夺取并守住坦克占领的地形。
3. 发起攻击，夺取相关地形，以便坦克从当地发起攻击。
4. 与装甲野战炮兵和坦克歼击车组成火力基地。

5. 与坦克协同攻击。

6. 在雷区中开辟通道——不管有无工兵支援。

7. 在宿营地、行军途中、集结地和集合点保护坦克部队。

8. 协助强渡河流。

9. 协助夺取桥头堡。

10. 设置或突破障碍物。

11. 攻击或防守建筑密集区。

12. 组织和防守阵地。

13. 进行侦察和反侦察。

14. 作为营的一部分,执行进攻或防御行动。

15. 在敌人拥有强大反坦克防御,导致坦克难以行动时,夺取有限目标。

16. 派遣突袭小组。

17. 执行警戒任务。

美军战斗工兵试图在雷区中清理缺口。他们使用的是 SCR-625 型探雷器,后方有装甲步兵提供保护。值得注意的是,该雷区已经炸毁了 1 辆 M5 轻型坦克。

装甲步兵营配属给各连的分队很少，只有医疗小组（包括 1 辆半履带救护车、1 个弹夹队和若干医务人员）例外。机枪排可配属给某 1 个连，也可拆分为 2 个分排（各有 2 挺机枪），从而配属给 2 个连。机枪可以占据阵地发动间瞄射击（对地点选择的要求最少），或从单位之间的空隙进行射击，或掩护暴露的侧翼。

部队可能需要转入防御或暂停进攻，以便在恢复进攻之前聚拢、重组、休息。此时，先头部队可能需要停止前进，等待落后部队。只有侧翼确定安全后，部队才能重新前进。地形、天气、敌军抵抗和补给滞后也可能迫使部队停止行进——哪怕其时间非常短暂。步兵是主要的防御力量，但坦克和突击炮会在附近提供火力和机动支援，并在步兵掘壕和确定火力计划时给予保护。在此期间，部分（在很多情况下是绝大多数）坦克部队将向前移动，进入仓促防御阵地，如果条件允许，他们还应在防御时隐藏车体，或利用一切掩体。为抵御近距离攻击，步兵可能跟随坦克行动。如遭遇敌军反击或侦察巡逻队，坦克将用机枪和主炮将其击退。其他坦克将留在步兵后面，提供火力掩护并充当预备队。在防御准备

巷战中，1 辆"谢尔曼"坦克受损瘫痪，其幸存车组正在冲向掩护。在这种情况下，随行装甲步兵会为他们提供火力掩护。

就绪后,坦克将撤到步兵主防线后方。随行步兵(或至少部分步兵)将留在前方,以便把守前哨,为主防线充当屏障。得到步兵掩护后,坦克将进行补给、维修,并为恢复进攻做准备。

在防御时,步兵连通常会在前方投入2个排,并将反坦克炮部署在2个排之间,从而覆盖敌方坦克来袭路径。营属机枪分排也可加入防御,并获得一些半履带车上的机枪作为加强。此外,还有1个步兵排位于阵地后方,其任务是"支援",即向前方各排提供火力支援,并机动前去保护侧翼或发动反击,而不是担任预备队。该排还将设置前哨,并进行局部警戒巡逻。在不需要反坦克炮支援进攻或防御时,反坦克排将下车作战,并作为1个小型步兵排投入战斗。该排将编为3个10人班(每个班拥有3支步枪、6支卡宾枪和1支冲锋枪),为连队提供宝贵加强。

装甲步兵营

装甲步兵营及其下属单位主要负责与坦克协同进攻。1944年的条令指出:"在

装甲步兵与M4坦克在城镇中且战且进。在巷战中,火力可能来自任何方向,包括后方。但由于时间和人力所限,美军经常无法逐层清理每栋建筑。在这种情况下,美军的坦克和步兵特遣部队会强行穿过城镇,消灭沿途抵抗力量,然后让后续预备队彻底肃清该地区。

进攻中，装甲步兵营需充分利用其机动性、火力和少量装甲防护抵抗轻武器攻击。"但该条令并未提到坦克，也没有提到装甲步兵几乎总是徒步作战——事实上，后者的机动车辆只能用于跟随装甲部队，根本无法直接参与战斗。在进攻中，装甲步兵营总体有三种运用方式：作为突击部队，在预定战线上进攻，夺取指定目标；作为支援部队，支援突击部队（通常是坦克）并巩固战果；作为预备队，为进攻提供纵深，保护侧翼和后方。在此期间，步兵应与坦克协同，共同完成装甲步兵连承担的17项任务（参见上文）。

装甲步兵营的突击炮排拥有3门75毫米M8自行榴弹炮，而且每门都配有1部牵引式弹药拖车，可在需要时放下。这些自行榴弹炮既能提供直瞄火力支援，也能提供间瞄火力支援。但该型自行榴弹炮底盘为M5轻型坦克，其车顶敞开，装甲防护能力不足，无法作为真正的突击炮提供近距离支援，故而在战争后期被装备105毫米火炮的"谢尔曼"坦克取代。

营作战命令中需要包含下列信息：敌我兵力部署；营的任务；集结区或其他接敌行进目的地；运动和攻击调整线；前进区域，包括全营各单位的正面和运动方向；运动队形；通信安排（呼号、频率、信号弹和烟雾的颜色）；行军路线指挥所和车辆控

173

制措施；全营各单位的任务；后勤安排（弹药、补给和燃料点、救护站、车辆回收等）。

在进攻中，半履带车将快速进入攻击出发阵地，以便步兵从此处下车徒步作战。在步兵徒步行动期间，通常会与坦克相互配合。一些车辆（但很少是全部）将提供火力支援，其他车辆则会撤往受保护区域。为方便控制，后撤车辆可能按照连或营集结起来，并进行加油和快速维修。如有需要，它们可以投入战斗，向其他阵地转移，或是向前推进。

美军规定：排或连只有在得到协调的火力支援时才可投入战斗。在进攻前，反坦克炮、机枪、排属和营属迫击炮、突击炮、坦克、坦克歼击车和105毫米自行榴弹炮应进行火力准备，以便对目标、集结区和已知或疑似敌军阵地等发起打击。此外，上述武器还应做好准备，以便向其他目标转移火力。

装甲步兵团

早期装甲步兵团的战术条令规定，该团可以承担一系列任务，如通过进攻驱逐敌方掩护部队，从而创造有利态势，或为发起坦克攻击夺取所需地形。装甲步

"路易斯安那演习"期间，第78野战炮兵营的1辆M2半履带车从浮桥上驶过。该车主要用作牵引车，在照片中，它就拖曳着1门75毫米M1897A2野战炮——该火炮在1940年之前一直是美军师级单位的标准火炮，直到被105毫米M2A1榴弹炮所取代。至于第78野战炮兵营后来成为装甲野战炮兵营，并被编入第2装甲师。

兵团可以紧跟坦克进攻，摧毁敌方残余抵抗力量，保护全师的侧翼，占领并坚守攻陷的阵地，或是在坦克部队准备继续前进时构建屏障和前哨，从而掩护坦克部队重组。如果敌人在撤退时摧毁了桥梁，导致装甲部队无法前进，装甲步兵团还可以用于夺取桥头堡。在此期间，步兵将以涉水、使用橡皮艇和仓促架设人行浮桥等方式渡河，并肃清对岸之敌，并建立得到友军火炮掩护的防御阵地。同时，工兵将架设或修复桥梁并设置渡船。但问题在于，当时装甲师有8个坦克营（1942年后为6个），而装甲步兵团则只有2个营（后来增加到3个）——该任务执行难度必然可想而知。

在1943年后，残余的3个装甲步兵团完全沦为行政指挥机构，并负责管辖和支援其下属的3个装甲步兵营。这些装甲步兵营通常会配属出去，加入各战斗指挥部。装甲步兵团团部则可能充当C战斗指挥部（或其他特遣部队）的指挥机构。

火力支援

"结对"的装甲步兵营和坦克营拥有强大火力，包括53辆中型坦克、17辆轻型坦克、9辆突击炮、6门81毫米迫击炮、9门60毫米迫击炮，以及9门57毫米反坦克炮（但上述武器只有在极少情况下才会全部完好）。当然，受所在队形位置、地形和敌方部署影响，这些武器往往只有一部分能打击到敌方目标。美军还有3种火力支援方式，其中之一是车载机枪，虽然它们数量众多，但与坦克炮、迫击炮和远程火炮相比它往往被忽视。不过在现实中，车载机枪仍可以为进攻、防御、火力压制和火力侦察提供宝贵的火力支援。

装甲野战炮兵营大多由师部直辖。虽然上级会安排特定炮兵营直接支援某一战斗指挥部，但该炮兵营未必会与该战斗指挥部共同行动，反而还有可能保持一段距离，以方便该营根据新命令支援其他战斗指挥部。在战斗中，所有师属炮兵（以及配属的军直属炮兵）可以优先向先头战斗指挥部提供炮火支援，或对2个前方的战斗指挥部"一视同仁"，或重点支援主攻方向，并将其余炮兵分配给支援或辅助行动。根据情况，炮兵营或炮兵连还可直接隶属于战斗指挥部。每个装甲野战炮兵营拥有3个前进观察员小组，其中1个通常伴随战斗指挥部先头分队行动，并全程乘坐专用坦克或半履带车。如果战斗指挥部在前进时遇到抵抗，前进观察员会相应地呼唤火力打击——如果及时，它们往往能在必要的直接交战之前压制敌方抵抗。炮兵还会向可疑或潜在目标开火，包括朝侧翼射击。美军炮兵经常在瞬间做出反应，而且火力极为准确、密集和猛烈，这让德军非常震惊，并将其称为"自动化炮兵"。

火炮不仅可以对点目标和区域目标实施破坏射击、火力压制、炮火反制和扰乱射击，还可以发射遮蔽烟幕，并在夜间发射照明弹。烟幕对掩护友军行动和遮蔽敌方观察很有帮助，如果向敌方机动部队发射烟幕，则会产生迟滞和迷惑效果，妨碍他们锁定和瞄准目标。105毫米榴弹炮、75毫米坦克炮、76毫米坦克炮、105毫米坦克炮、75毫米榴弹炮、81毫米和60毫米迫击炮都可以使用烟幕弹，许多坦克还配备了2英寸发烟迫击炮。

空中联络官同样意义重大，他在纵队后方乘车行动。在前进期间，每个师通常都可以呼唤一定数量的空中打击——发动打击的战斗轰炸机可能在附近空域盘旋，也可能在前方简易机场待命。P-47"雷电"战斗机和P-51"野马"战斗机可以使用常规炸弹（通常重量为250磅和500磅炸弹）、反人员破片子母弹、凝固汽油弹、4.5英寸火箭弹、5英寸火箭弹和0.50英寸口径机枪攻击目标。在装甲师前进时，战斗轰炸机还可在其前方见机行事，攻击各种目标，尤其是敌方装甲车辆、部队编队、炮兵、高射炮和补给车队。

装甲步兵营和战斗指挥部通常配属有防空分排、防空排或防空连。这些部队配有安装双联装或四联装0.50英寸口径机枪的半履带车，并且分散配置在纵队各处，以便提供防空保护，其中双联装机枪每分钟射速近1000发。然而，它们的真正价值在于对地攻击，支援步兵前进，例如对林线、村庄和其他已知或疑似敌军藏身地进行火力压制。其中一个例子是第6装甲师在梅斯（Metz）附近对防空武器的使用。当时，美军工兵正在重建一座被德军炸毁的桥梁，步兵无法渡河肃清对岸。该师于是将1门牵引式40毫米火炮部署在一片山坡上，同时将1辆配有四联装0.50英寸口径机枪的半履带车部署在桥梁附近的开阔地上。40毫米炮发射空爆弹，消灭了1处隐藏在树丛中的机枪阵地，而防空半履带车则向山脊泼洒弹雨，消灭当地的步兵火力，如果狙击手胆敢露头，也会遭到"特别照顾"。通常情况下，即使没有得到炮火支援，美军也会用2—6辆双联装或四联装0.50英寸口径机枪的半履带车扫荡林线或目标村庄外围——当步兵走进这些区域时，往往只会发现一片狼藉的废弃阵地。如果遭遇敌军火力，0.50 英寸口径机枪就会向目标发射大量曳光弹，直到把敌方打得"人仰马翻"，不敢再轻易开火（有传言说美军禁止用 0.50 英寸口径机枪攻击人员，但这完全是无稽之谈）。

实践：步坦协同

美军步兵师（共9个步兵营）通常配属有1个坦克营和1个坦克歼击营，以便为步兵提供支援。此外，在装甲师中，由于坦克主要负责突破敌军阵地、突入敌军后方，因此坦克通常是接受步兵支援的一方。

步兵负责保护坦克免遭近距离攻击。此外他们还应夺取阵地，以便坦克发动进攻，或建立火力基地，以支援坦克发动攻击。步兵应紧跟坦克，在后者火力支援下突破反坦克障碍，夺取目标，扫荡残敌，并在坦克部队准备继续攻击时保护其重组。在坦克摧毁敌方反坦克武器和其他支援武器时，步兵也将利用自身的支援武器提供协助。一方面，坦克会利用直瞄火力支援步兵进攻，摧毁敌方的自动武器，使敌方失去战斗能力，直到步兵抵达当地。此外，坦克还将瓦解反击，并对抗敌军预备队。另一方面，坦克还可以在铁丝网、反步兵地雷和其他轻型障碍物之间开辟道路，并使敌方指挥、通信和后勤设施瘫痪。

1个装甲师一般有至少1个坦克歼击营，他们经常与装甲步兵并肩作战。在照片中，工兵正准备用炸药爆破1辆被损毁的M10坦克歼击车——如果有坦克和坦克歼击车严重受损，美军经常将其炸碎，以防被德军用作碉堡。

为躲避狙击火力，1个美军步兵班紧贴在M4坦克周围。值得注意的是，安装在该坦克车头的"库林"型树篱铲（Culin Hedgerow-Cutter），该装置可以在诺曼底的树篱中打开缺口。步兵之所以紧跟坦克，不仅是因为可以利用其庞大身躯获得一些掩护，而且还有2个因素。首先，M4坦克履带宽16.5英寸（后续型号为23英寸），可以引爆反人员地雷，而自身不会受到损坏，如果步兵走在履带辙上，就可以确保安全。另外，坦克发动机会排出热气，虽然烟味刺鼻，但至少可以让步兵暖和一些，因此M4坦克备受步兵欢迎。此外值得一提的是，照片最左侧的士兵还拿着1把勃朗宁自动步枪，虽然该步枪直到1945年6月才正式列装装甲步兵部队，但有的单位也能搞到一些。

　　美国官方条令规定，一旦敌方坦克出现，将由坦克歼击车负责应战，而不是由坦克应战。然而，这一规定问题很大。实际上，美军坦克也经常接到与敌方装甲车辆交战的任务。此外，坦克歼击车也会像坦克一样支援步兵。虽然坦克歼敌车的装甲更薄，炮塔也是半敞开的，但其速度更快，而且支援能力也基本与坦克相同。

　　有效地步坦协同始于联合训练。无论是装甲步兵还是坦克单位，不管他们在各自领域的训练有多娴熟，但如果各级部队没有针对行动的每一方面开展合练，他们的作战效率将大打折扣，而且难免会拖延行动、遭遇伤亡。但如果步兵和坦克经常合练，就能相互了解对方在越野运动、机动和武器使用方面的能力和局限。

　　装甲步兵和坦克可能要经过两到三天的并肩作战，才能实现密切协同。虽然在理论上，各营（或其下属单位）可以在各师属战斗指挥部之间任意调动，但人们同样发现，如果步兵和坦克部队能长期"结对"，就可以确保战斗力。另外，上级还确保装甲步兵营、坦克营及其支援炮兵营共同轮调到后备指挥部，以确保它们总是保持联系。

人们发现，步坦协同在突破敌方防御时非常有效，但这一点离不开他们的通力合作和相互支持，而且需要每个人都接受良好训练，从而圆满完成本职工作和团队分工。联合训练可以培养团队精神，从而弥补技术训练的不足，帮助部队以最少伤亡人数和时间代价完成任务。

在训练中，上级还经常让步兵钻进坦克。这样一来，他们就能体验坦克手的工作环境。例如，坦克手的视野总是非常局促，而且在"关上舱盖"后会产生一种封闭感。这种体验可以帮助步兵理解很多问题，例如坦克手为何会难以发现和攻击目标（甚至包括步兵为坦克清楚指明的目标），以及坦克手在选择行进路线时的难题。另外，如果步兵能了解坦克的局限性，就能在对抗敌军坦克时更有信心。

在穿越不同地形时，步兵和坦克都会遭遇麻烦。双方应在这些方面相互理解，这一点至关重要。在泥泞、岩石、密林和灌木丛、起伏的地面和残垣断壁中，步

装甲步兵正在扫射可疑敌军阵地，试图引诱对方开火，一旦得手，坦克将用 76 毫米炮和机枪打击敌人。

兵将负责发起攻击，而坦克则负责提供火力支援。如果是在开阔地，或是人工和天然障碍物稀少的敞开道路上，坦克就可以在前冲锋，步兵将紧随其后提供支援。但两者都应该判明形势，以确定应由哪一方打头阵。

坦克手和步兵必须密切关注彼此情况。例如，在有些情况下（例如烟尘过于浓厚，导致遮蔽了步兵的曳光弹、照明弹或标记烟雾），虽然步兵为坦克指明了目标，但坦克仍很难有效发起攻击。在另一些情况下（例如坦克忽略了某些敌军机枪阵地，或步兵未突破障碍物），坦克会持续前进，把步兵抛在后面——坦克不应脱离步兵单独冲锋在前，而是要判断步兵的情况，甚至可以在必要时派1支分队回去协助步兵继续前进。

步兵与坦克的理想间距并非一成不变，这取决于地面崎岖程度、植被密度、能见度（在雾、雨、雪天气下）、障碍物，以及敌军火力的类型和效果等因素。步兵可以紧贴在坦克后方或侧面，以抵御轻武器射击，但如果坦克遭到反坦克炮、火炮或迫击炮的攻击，步兵就必须与之保持甚至拉开距离。另外，轻武器子弹和反坦克炮弹可能在坦克上弹飞，甚至危及50码外的步兵。事实上，德军也经常通过这种手段，依靠机枪、迫击炮和远程火炮分隔步兵与坦克（一名坦克手曾回忆说，他能听到机枪打在坦克上时的乒乓声，以及步兵被击中时"像兔子一样的尖叫"）。一旦步兵与坦克分离，德军步兵就可以带着近程反坦克武器（如"铁拳"、"战车噩梦"、枪榴弹、手榴弹和炸药）向坦克靠近。

步坦协同不仅意味着协调连、营两级的指挥和支援，还包括协调战斗中团队合作的细枝末节。在夜间行进时（尤其是在林地和灌木丛中），步兵应在前方领路，坦克则跟随其后。但坦克排军士长或排长应与步兵同行，这样他就能知道步兵的位置，并接受步兵的指引——如果需要坦克，他就可以迅速调动。此外，这还有助于防止步兵被坦克碾压——这种危险并非耸人听闻：在训练和战斗中，美军发生过多起坦克不慎碾过宿营地的事故，而且结果惨不忍睹。

在坦克前移期间，坦克应在向导的带领下行动，并尽量避开可能有地雷的小径和道路。在此期间，坦克车体机枪手需警戒左侧区域，同轴机枪手警戒右侧区域。如果有敌军步兵试图靠近其他友军坦克，他们就应当用机枪攻击，从而给友军"后背抓痒"。扫雷人员会紧跟在步兵后面，以便为坦克开辟路线，步兵还应留意林中空地，以便检查其边缘是否有反坦克阵地。此外，每辆坦克上应搭载2名步兵，其中 1 名是步枪手，另 1 名则负责操纵坦克炮塔上的高射机枪。他们两人都携带手榴弹，并利用炮塔作为掩护。

在战斗中，轻武器曳光弹经常被弹飞，因此很难为坦克指明目标。美军一般使用红色曳光弹，而德军的曳光弹颜色通常先呈红色，后呈淡绿色，或完全相反。此外，美军还经常用红色和紫色发烟手榴弹标记目标——但由于其发烟量太大，可能妨碍坦克兵观察，所以它们经常被去掉一半发烟剂。发烟手榴弹可以安装在枪榴弹发射器上，并预先点燃，从而在飞向目标时在空中留下一道烟迹。后来，美军又装备了能发出条带状烟雾的枪榴弹（Smoke Streamer Rifle Grenade）。当坦克向前支援步兵时，指挥坦克的步兵排长会将头盔放在枪口上，然后高高举起步枪，以引起坦克指挥官注意。看到上述信号，坦克排长会命令座车向该方向移动，以便相互接触。

2 名装甲步兵冒着炮火冲过一片耕地，旁边是 1 辆被击毁的豹式坦克。[①]值得注意的是，这些美军士兵都穿着坦克兵夹克。

---

① 译者注：原文如此，但从车身高度看，它更有可能是1辆美军的"地狱猫"坦克歼击车。

1辆M3A2半履带牵引车正在越野前进,其身后是一座硝烟弥漫的村庄。在有些情况下,半履带车会运送步兵穿过开阔地,并因此暴露在机枪和迫击炮的远程火力之下。

在把半履带车留在后方时,装甲步兵通常会搭乘坦克前进。虽然每辆坦克上建议搭乘的人数不应超过1个班,但正如我们在照片中所见,士兵们根本不在乎。不过,本照片显然是在1个相对安全的区域拍摄的。

尽管步兵配有半履带车，但这些车辆通常被留在后方，至于步兵则搭乘坦克行动——通常是1个班乘坐1辆。在搭乘坦克时，步兵需要留意许多事项：小心低矮树枝、电话线和电线；不要吸烟（会吸引敌方火力）；不要抓紧其他搭乘者，而是应抓住坦克本身。搭载步兵还必须小心旋转的炮塔，并在遭到射击时立即下车。此外，搭载步兵登车必须得到车长许可，而且车长可能随时命令其下车。另外，步兵指挥官负责确保战术协调，并组织下车部队立刻投入战斗。步兵下车后将清除障碍物和残骸，展开侦察，肃清狙击手，并在必要时为坦克提供地面引导。如果行动遭遇迟滞，步兵则应分散开来，以便为坦克提供安全保障。

步坦联络

坦克手与步兵之间的联络方式仅限于使用彩色烟幕弹[1]、照明弹、曳光弹和手持信号弹，但这些手段的效果非常有限。此外，半履带车和坦克还配有1套M-238信号旗（有红、黄、绿三种颜色），语音通信工具则只有无线电和电话。

在连、排一级，坦克和半履带车之间可以进行无线电通信。但问题是半履带车通常在后方，而装甲步兵则没有能与坦克进行无线电联络的便携式电台。直到1944年11月，便携式电台才开始列装装甲步兵部队，并在1944年12月—1945年1月配发到位，但这些电台无法与车载电台通信或"联网"，只能与地面部队相互联络。其中连部有1部SRC-300型背负式调频电台[即"步话机"（Walkie-Talkie）]。如果没有SRC-300型电台，连队则会使用1部SCR-511型电台[绰号"弹簧高跷"（Pogo-Stick）]。这些无线电用于与营部通信。此外，连长和每个排长还会各配发1部SCR-536型"手持对讲机"（Handie-Talkie）——这是一种小型手持调幅电台，仅能用于连队内部通信，不能与SRC-300型电台联网。为与步兵部队的SCR-536型电台通话，美军还给坦克排排长座车安装了1部SCR-536型电台。为此，排长座车需要从车长舱口环上拆除1个螺栓，以便安装天线，而且为防止天线接地，其安装口周围应固定一小段橡胶管。此外，电台也要接受改装，让排长能使用喉部麦克风。除此之外，为方便操作，美军还经常使用一段延长线，把

---

[1] 译者注：彩色烟幕弹直到1943年底才问世。M16烟幕弹有红、黄、绿、紫、橙、蓝和黑5种颜色，而M18烟幕弹只有前4种颜色，但后者发出的烟更密集、颜色更鲜艳。

电台开关安装在排长身边。

步兵排排长的半履带车配有1部SCR-510型电台，连长半履带车则配备有1部SCR-528型电台（安装这些电台将占用2名士兵座位）。坦克连长配有1部SCR-508型电台，其下属排长均配有1部SCR-528型电台，各辆坦克则配有SCR-538型电台。SCR-508型和SCR-510型电台的频率范围为20—29.9兆赫，而SCR-528型和SCR-538型电台的频率范围为20—28兆赫——这意味着以上4种电台都可以联网通信。不过，这种通信必须在2个营的各个层面做细致协调，并需要为火力支援和行政管理专门分配通信频率。这些电台都属于调频电台，比大多数军队使用的调幅电台操作更加可靠。美军将调频电台用作战术电台——相对于调幅电台，它们更适合安装在车辆上，而且不会产生太多静电。

为让随行步兵与坦克通话，美军在坦克炮塔内安置了1部EE-8型野战电话，并在旁边设置了1个闪光灯。电话连接着1条20英尺长的四股电话线——该线一

SCR-528型电台包括1部发射机和1部接收机，与SCR-508型电台类似，而不同之处在于后者有2部接收机（接收机即照片中右侧较小的设备），因此能同时监听指挥官下属单位和上级指挥官的通信频率。这些电台的通信距离约为10英里。

直延伸到坦克后部，并与 EE-8 型电话的听筒相连。听筒开关经过改装，如果一头有呼叫，就会触发炮塔内的闪光灯。这种方法十分有效。通常情况下，步兵指挥官会取下听筒自己保管，而不是将其留在坦克上，以免听筒在炮火中受损。有些部队则为听筒接上延长线，并将其安装在坦克尾部的 0.50 英寸口径机枪弹药箱内。还有一种办法是在坦克后面拖一条长 100 英尺的电话线，在有必要时，跟随坦克的步兵指挥官可以将 EE-8 型听筒或 TS-10 声控电话接到电话线上。但上述附加设备并非每一辆坦克都有，而是只安装在排长和连长座车上。

部队战例

无坦克支援，装甲步兵连徒步行动

1945年1月中旬，第12装甲师A战斗指挥部奉命肃清韦耶赛姆（Weyersheim）-加姆赛姆（Gambsheim）-奥芬多夫（Offendorf）-埃尔利赛姆（Herrlisheim）的敌军桥头堡。当地位于法国东北部，并靠近德国边境。这次战斗是一个罕见案例，因为在此期间，美军装甲步兵营几乎是单独作战，配属装甲部队仅有1个排。在这里，我们将重点关注第66装甲步兵营C连。

（1月15日）凌晨1点，第66装甲步兵营的士兵从宿营村庄登车出发，他们为此次行动提前做了训练。该营下属各连接近满员，他们一共乘坐了75辆半履带车，按C连、营部连、A连和B连顺序向集结区域——厄尔特（Hoerdt）村——进发。凌晨3时15分，上述部队的士兵们在集结区域内下车，并接到了任务简

这辆M3A1背后挂满了步兵班的装备和对空识别信号布。车上安装有3挺机枪：从左到右依次为1挺0.30英寸口径M1919A4机枪、1挺水冷式0.30英寸口径M1917A1机枪和1挺0.50英寸口径M2机枪。车辆前保险杠上则堆放并捆绑着口粮箱。

报。根据要求，A连在左翼行动，C连在右翼，B连担任预备队，营直属突击炮和迫击炮将在后方就位。他们的目标是一小片森林，即施泰因森林（Steinwald）。有1条东西向道路从该森林中穿过，其中A连负责肃清道路以北区域，C连则负责肃清道路以南区域。据估计，整个森林中大约有160名德军和6部装甲车辆。肃清森林后，该营将集结起来，并根据命令前往奥芬多夫，他们准备从东南方渡过莱茵河。

凌晨3时45分，各部队按C连、A连、营部连和B连的顺序徒步离开厄尔特村，并沿着引水渠（Derivation Canal）北岸前进。由于引水渠岸堤高起，因此可以提供掩护。另外，各连的反坦克炮被留在集结区，反坦克排则充当步兵排。凌晨4时45分，各连到达兰德格拉本运河（Landgraben Canal），B连与营部连开始沿运河掘壕据守，同时工兵们忙碌着，试图在运河上架设4座人行浮桥。凌晨5时15分，A连和C连各自从2座人行浮桥秘密渡河——各连的向导人员均背负着闪烁灯，以便引导跟进人员，同时协调行动。支援排在先头各排后方150码处保护侧翼。2个连以1条排水沟为界，该排水沟为西南到东北走向，深4英尺，并且已经封冻。2个连的出发线则与排水沟的西南端垂直。

问题在此时出现。首先，出发线附近没有便于识别的地形特征，地面被积雪覆盖，在黑暗和浓雾中，能见度只有大约20英尺。虽然美军未开一枪就俘虏了2名德军前哨人员，但当C连在右翼前进时，他们却发现自己来到了排水沟西北侧，从而进入了A连区域，该位置比原定位置偏左。随后，C连人员开始休息，连长则与各排长商讨形势，各排仍保持着纵队队形——这时突然有4挺机枪从前方和右翼开火，各排在旷野上被打得措手不及。看到部队被压制在开阔地，而且太阳即将升起，连长别无选择，只能发出进攻信号。

C连连长和首批站起来的士兵随即被火力扫倒。该连虽然设法架起1挺轻机枪和1挺重机枪，但不到10分钟，它们就被德军摧毁。之后，德军迫击炮开始轰击这个连队，C连支援排虽然位于队形后方，但所受打击尤其猛烈。士兵们匍匐着向1条结冰的溪流退却——与此同时，A连也遭到猛烈火力打击，并且和C连一样在向上述溪流撤退。在撤到当地时，美军人员损失已超过三分之一，C连的军官也全数阵亡。之前一直跟随前进的反坦克排被迫进入河床隐蔽。无线电联络不上营部。虽然有5架P-47战斗轰炸机轰炸和扫射了施泰因森林，但炸弹和子弹全部落在了森林中央，完全没有命中在森林边缘掘壕据守的德军。

最终，在机枪、迫击炮和狙击手的打击下，C 连第 1 排和第 2 排几乎全军覆没，只有 1 名士兵和 2 名伤员得以回到后方（由德军俘虏协助行动）。这名幸存者奉命带领 1 辆弹药卡车返回，但在途中，他看到更多部队正在撤退，并获悉这项工作已毫无意义，于是，他也带着弹药卡车撤退了。A 连同样损失惨重，并且被迫后撤。下午 1 时，2 个连的残部开始在兰德格拉本运河沿岸掘壕据守，并有 1 个坦克排提供支援。由于通信故障，营部下属的突击炮和迫击炮没有开火支援。随后，2 个连剩余的 70 人被送回厄尔特村休整，第二天下午，他们又返回运河，重新进入防御阵地，并在当地一直部署到 19 日。

虽然这次攻击失败了，但仍凸显了支援武器和装甲车辆的重要性：如果当时美军有少量坦克，而且对突击炮和迫击炮的运用更好一些，就有可能取得胜利。在开阔地上遭遇压制之后，各排只有轻武器可用，根本没有其他有效还击手段，也没有直射武器对林线实施压制。此外，部队的通信联络也严重不足：在前进时，各连没有铺设野战电话线，只能依靠 1 部电台。

步坦协同肃清城镇

1945 年 2 月 4 日，第 12 装甲师 A 战斗指挥部仍在法国东北部作战，并在科尔马（Colmar）附近向德国边境推进。虽然第 66 装甲步兵营此前曾损失惨重，但已经恢复元气。A 战斗指挥部麾下的"道克"特遣队（TF Doc）由第 66 装甲步兵营（欠 C 连）、第 43 坦克营 A 连、第 92 骑兵侦察中队 A 连第 1 排和第 119 装甲工兵营 A 连第 1 排组成。另外，每个坦克排有 4 辆配有 75 毫米主炮的"谢尔曼"坦克和 1 门 105 毫米的"谢尔曼"突击炮。

表 18　第 12 装甲师 A 战斗指挥部的任务编组

第 1 特遣队	第 2 特遣队	第 3 特遣队	A 战斗指挥部直属部队
第 43 坦克营 （欠一部） 第 119 工兵营 A 连 第 92 侦察中队 B 连 第 1 排	第 66 装甲步兵营 第 43 坦克营 B 连 第 1 排	第 17 装甲步兵营 （欠一部） 第 43 坦克营 D 连	A 战斗指挥部队部连 第 119 工兵营 C 连 第 134 维修营 A 连 第 572 高射炮兵营 C 连

燃烧的建筑物冒出滚滚浓烟，遮蔽了视线，步兵们在村镇街道上快速奔跑，试图搜寻和肃清装备"铁拳"火箭筒的德军伏兵。坦克车长则正尽力用 0.50 英寸口径机枪提供掩护。

"道克"特遣队有 2 个目标：一个是夺取上莫什维尔（Obermorschwihr）镇——这项工作由第 66 装甲步兵营 A 连、营属突击炮排和 1 个 81 毫米迫击炮连负责；另一个是夺取西南方的阿特什塔特（Hattstatt），由第 66 装甲步兵营 B 连和第 43 坦克营 A 连负责，并由装甲步兵营 B 连连长指挥。德军虽然试图迟滞，但防御力量薄弱。营长首先带着各连连长前往一处地点，以便观察地形和行动路线，各单位也向当地前进，并于下午 3 点接回了各自指挥官。随后，步兵登上半履带车。"道克"特遣队正式出发，其前方是第 66 装甲步兵营 B 连，随后是第 43 坦克营 A 连、第 66 装甲步兵营 A 连和第 66 装甲步兵营营部连。下午 4 点，第 66 装甲步兵营 A 连脱离纵队，向西南方向朝莫什维尔前进，其余部队则继续前往阿特什塔特。

在俯瞰下莫什维尔的山脊，营部连部署了突击炮和迫击炮——在当地，美军还部署有 1 个观察哨，该观察哨视野极佳，可同时支援 2 个攻击方向。最初，步兵半履带车在坦克连前方行进，但在阿特什塔特外围，便由"谢尔曼"坦克开始领路,只有2辆半履带车仍在跟随先头部队,其他部队则将车辆开到路边。为避免镇上敌人察觉,各班下车在道路两侧徒步前进。前进前,连长召集各排排长做了最后一次简报。这时,德军10.5厘米炮弹开始落在进攻部队后方,但无一命中。下午4时40分,前往1处高地观察镇内动向的步兵俘虏了20名德国守军,而且期间没有遭遇任何抵抗。

下午5点,美军发出前进信号,各部队前进方向基本为从东向西。第66装甲步兵营B连第1排沿道路两侧前进,坦克连第1排在50码外跟随。B连第2排和第3排则各自和1个坦克排"结对"跟进,而且各坦克排均组成两列交错纵队。在通往城镇途中,美军需要经过1处转弯。在通过该转弯时,部队突然遭遇敌军火力。这些火力来自道路右侧的散兵坑,坦克随后用机枪攻击了这一地区。随后,德军纷纷开始钻出树林投降,但美军没有理会他们,而是继续前进。坦克连第1排的"谢尔曼"突击炮停了下来,立即被多枚反坦克炮弹击中,其残骸熊熊燃烧,挡住了道路。但在德军继续开火期间,坦克连第2排也在不断对敌人射击。步兵连第2排躲在壕沟里,并没有遭受损失。在此期间,又有2辆美军坦克被击中,每辆均有1名乘员阵亡。根据估计,敌军的3门德军反坦克炮中也至少有1门被击毁。

与此同时,在第66装甲步兵营B连连长的催促下,B连第1排和坦克排也继续前进,并一路攻击查明和可疑的敌军阵地。在炮兵前进观察员引导下,第493装甲野战炮兵营用榴弹炮轰击阻挡坦克前进的德军反坦克炮,随后又用烟幕遮蔽德军视线。这使剩余的3辆坦克得以冲过封锁,坦克连第3排也立刻跟了上去。与此同时,为掩护4辆坦克,坦克连第3排的突击炮也在不断发射烟幕弹。各步兵排见状开始跟进。

在镇外的一个十字路口,2挺机枪向步兵连第1排开火,造成2人受伤,但该火力很快被先头坦克压制。第66装甲步兵营B连连长随即将机枪分排(来自营部)和第2排的1个班安置在十字路口,以持续打击西南方向的敌军阵地。第2排的其余人员被派去保护北侧。步兵连第1排继续向镇内推进,第3排在150码外紧随其后,但其中1个班则前去加强路口的第2排下属班(需要指出的是,各班能在排之间灵活调动,往往对行动成功至关重要)。在镇内,先头班遭遇了坚固的圆木路障。虽然附近没有埋设地雷,但部队前进道路仍被阻断。在后撤期间,该班有1人被狙击手击中。随后，一辆坦克开过来，向路障发射高爆弹，步枪手也向狙击手开火并投掷手榴弹。

在摧毁路障后，坦克冲了过去。步兵连第1排紧随其后，前去搜索隐藏在小巷中的狙击手、反坦克炮和机枪。步兵在坦克前方25码处沿道路两侧前进，坦克则用机枪提供掩护。一旦一段道路肃清完毕，步兵就会返回坦克附近，以便在坦克前进时提供掩护和近距离保护。这个过程不断重复——虽然缓慢，但很有效。到达镇中心后，美军派遣了1辆坦克，1个步兵班负责协同，他们的任务是检查街道两旁的情况。随后，第2辆坦克也跟随第1辆坦克沿着主街道前进。在镇子最西边，美军遭遇了另一处原木路障，随后这处路障也被与第一处路障相同的方式突破。

当步兵连第1排和坦克排穿过镇中心时，步兵连第2排（欠一部）则绕过城镇北侧前进，沿途没有遭遇抵抗。随着第66装甲步兵营B连所有下属分队抵达城镇西侧，连长立刻命令在镇周围构建环形防线：其中第1排位于西侧，第2排位于北侧，第3排位于南侧。与步兵排"结对"的坦克排也与之一同部署，只有坦克连第3排是例外，其任务是在城镇东侧驻防。友邻各排应保持联系，并且各排应派出巡逻队。后来，反坦克排的1个徒步班肃清了镇东侧，使第2排的下属班和机枪分排得以从任务中抽身，使他们能前往镇西侧，并加强当地部队。反坦克排的另外2个班则在镇内的建筑物中布防，用火力覆盖通往西侧的道路。由于天色已暗，部队决定等到天亮后再开始搜查房屋，搜寻顽抗之敌。尽管如此，他们还是在夜间找到了几个掉队的德军，对方报告说，他们被留下来修建路障，而其他大部分守军已撤到西面各高地上。

到晚上11点，美军步兵和14辆坦克已在镇周围构建起环形防线。鉴于镇内仍有德军，因此步兵和坦克兵也都做好了准备，以便阻止敌人逃跑，以及挫败来自镇外的攻击或增援。在北面的观察哨内，炮兵前进观察员与连队无线电取得了联系，并向营部转达了开火计划。在北面、西面和南面，美军都预先指定了炮击位置。一旦有情况，第66装甲步兵营的迫击炮和突击炮也将投入战斗。随着时间流逝，交火声渐渐平息，法国居民纷纷走出地下室，带着喜悦迎接解放者。

在这次行动中，装甲步兵搭乘半履带车接近目标，并且全程执行良好。虽然在此期间，美军损失了3辆坦克，但镇内的抵抗力量较弱。步兵排和坦克排指挥官的密切配合也相当有效。此外，参战部队还与炮兵相互协调，并部署了观察员。

全营还将支援武器与部队相互整合，包括为步兵连配属了 1 个营属机枪分排。步兵排和坦克排相互支援、密切合作，从而一举突破障碍物，并将主要街道上的威胁全部肃清。虽然在行动结束时，夜幕已经降临，但美军还是设法建立起稳固防线（对作战部队来说，在黑暗中建立防线始终是一项挑战——在建筑密集区尤其如此），并为其制定了扎实可靠的火力支援计划。这次行动充分展示了诸兵种合成作战的优势和能力。

一支装甲步兵部队穿过某个德国城镇。另外，请注意吉普车尾部的附加装备架。除此之外，每个装甲步兵营都有 24 辆吉普车，有些部队则将其称为"皮普"（peep）。

结　论

1946年，美国陆军地面部队曾对装甲部队进行过评估，并指出"自1940年以来，装甲部队的基本理论改动较小，但相关技术变化众多。随着反坦克武器不断发展，机动性和火炮射击技术对胜利愈发重要。作战经验还凸显了'诸兵种合成'与'火力与运动结合'等原则的价值"。一些领导者原本以为坦克战无不胜，但英美装甲部队的战斗经历却给他们浇了一盆冷水。他们终于清醒地认识到，坦克并非无所不能、无坚不摧，而且装甲战术不能建立在"坦克可以强行突破组织严密的防御"这条假设上。此外，欧洲战场美军总委员会（General Board of the US Forces）指出，在战争期间，坦克与步兵的比例经常出现失调：

分析表明，在许多由装甲部队承担主要任务的行动中，每个装甲师通常会额外配属1个（常规）步兵团。出于显而易见的原因，这种情况在重型装甲师身上尤其常见——因为在轻型装甲师中，步兵和坦克营的比例通常是1∶1，但在重型装甲师中，这一比例通常是1∶2。另外，虽然轻型装甲师仅凭建制内步兵就足以扩大战果和发起追击，但如果该师还要执行次要任务，就将对步兵产生需求。可以说，实战经验无疑表明，在装甲师中，步兵和坦克单位的比例至少应为1∶1，而战地指挥官则普遍认为，步兵连与坦克连的比例应达到3∶2。

在理想情况下，装甲师应增加第4个装甲步兵营，这将有助于提升其灵活性。在装甲作战中，有效的步兵火力对作战成功至关重要。坦克经常在出发后发现，敌军在目标附近配置了大量反坦克武器和障碍物，而且数量远远超过预期——在这种情况下，坦克将无法前进，部队必须派遣步兵越过坦克，对目标发动冲击，并展开近战。一旦目标大体肃清，坦克就会继续前进。另一些情况下，坦克将越过步兵防御阵地发起攻击，步兵则会跟随前进。但在攻击发起前，相关部队通常很难有效开展协调。至于另一种做法则相对更为有效，在实施攻击前，坦克和随行步兵一同进入某个集结区，并在当地进行联系和协调。

虽然在二战中，装甲理论几乎没有调整，但在战术、技术和组织领域，均得到了重大改进。1944年的手册很快就被更实用的版本所取代——该知识体系比以往更加完善，并在随后很多年中被美国陆军沿用。在西北欧，近一年激烈战斗证明，装甲步兵在组织、武器、装备和战术上完全可行。各装甲步兵营机动性良好，而且可以单独作战，表现也卓有成效。但它们最大的不足在于半履带车：它们越野能力有限，在很多地形下无法跟上坦克，其装甲防护能力也不足，而且由于该车车顶是敞篷设计，导致搭乘者面临极大安全威胁。也正是因此，军方希望获得一种全履带装甲运兵车，其车顶应当具有防护能力，最好还能具备两栖能力——这样一来，即使坦克不具备两栖能力，运兵车也能让步兵穿越水障、夺取对岸，建立桥头堡，并为工兵架桥和操作渡船创造条件。

二战中，美军装甲师的基本组织结构运转良好，经过升级改进，它又被沿用了近20年。装甲师的3个战斗指挥部拥有同等地位，只是R战斗指挥部在1954年改名为C战斗指挥部。另外，从1949年开始，每个装甲师的坦克营和装甲步兵营均增加到4个，而且大部分营均拥有4个连，只是兵力有所减少——其中第4个坦克营装备重型坦克，下属连队只有3个，其他营则装备中型坦克。步兵与坦克的比例有所提高——共有16个步兵连和15个坦克连（12个中型坦克连，3个重型坦克连）。营部和勤务连合并。坦克歼击营则宣告解散，其任务被重型坦克营接过。此外，装甲师还编入了1个防空营。虽然步兵班的规模缩小了，但其组织形式与常规步兵班相同，只是多了1名驾驶员。1945年6月，鉴于BAR自动步枪在徒步作战时意义重大，美军最终命令为装甲步兵班配发1支该型武器。另外，美军还大幅扩大了勤务支援部队的规模，并提升了其能力。战后，美军装甲步兵营一度仍在使用二战时期的半履带车，只有部分被M44和M75多用途装甲车取代。但这两种车型都是过渡产品，1954年，全履带M59两栖装甲运兵车开始服役，而后者又在1960年被M113装甲运兵车取代。2005年，美军打破了机械化营和坦克营编制差异（但保留了传统番号），最终实现了真正意义上的"合成装甲部队"。如今①，美军的模块化合成营则由2个装备M2"布拉德利"系列步兵战车的步兵连和2个装备M1"艾布拉姆斯"系列坦克的坦克连组成。

---

① 译者注：即原书撰写的2009年。

装甲步兵的座驾

✵ 装甲步兵的座驾

这辆 M3A2 半履带运兵车前部有 1 个 M49 机枪枪座，上面安装有 1 挺 0.50 英寸口径的 M2 机枪，后部则安装有 1 挺 0.30 英寸口径的 M1919A4 机枪。值得注意的是，车上的国家标识、单位标识、保险杠编号和其他标识的风格和颜色并不统一，它们会因时期和单位而异。通常情况下，保险杠右侧的标识代表了师和营，例如"8△49"即第 8 装甲师的第 49 装甲步兵营。保险杠左侧是连队和车辆编号，如"A-12"即 A 连 12 号车。营部连的半履带车则印有"HQ- 车辆编号"，勤务连的半履带车印有"SVC- 车辆编号"。此外，图中车首引擎盖上还展开了 AL-140 对空识别荧光信号布，该信号布宽 30.5 英寸、长 12 英尺。它可以组合起来拼出字母代码，也可以用于对空识别，而在平时则用绳子捆扎起来。这些信号布有橙色（如图所示）、深蓝色、紫红色和黄色，背面均为白色。

全车还挂满了步兵班的个人装备、C 口粮盒和其他物件。装甲步兵没有背包，而是配发了"风笛包"（Musette Bag，一种小型肩带背包）。下车时，他们会轻装上阵，并把大部分装备留在半履带车内，其中甚至经常包括子弹带和水壶——而弹药则会装在口袋里。他们的制服与其他步兵无异，但也能经常看到他们身穿坦克兵夹克，而不是野战夹克。有时，他们还会穿机械师外套，而不是作训服或羊毛野战服。

在步兵的左肩上佩戴着金黄色、蓝色和红色的三角形装甲师徽章（见右上部放大图），象征着骑兵、步兵和炮兵的融合。另外，在后方，大多数陆军士兵的船形帽都略向右偏，而装甲步兵则是略向左偏——当然，这是一种非正式的做法。

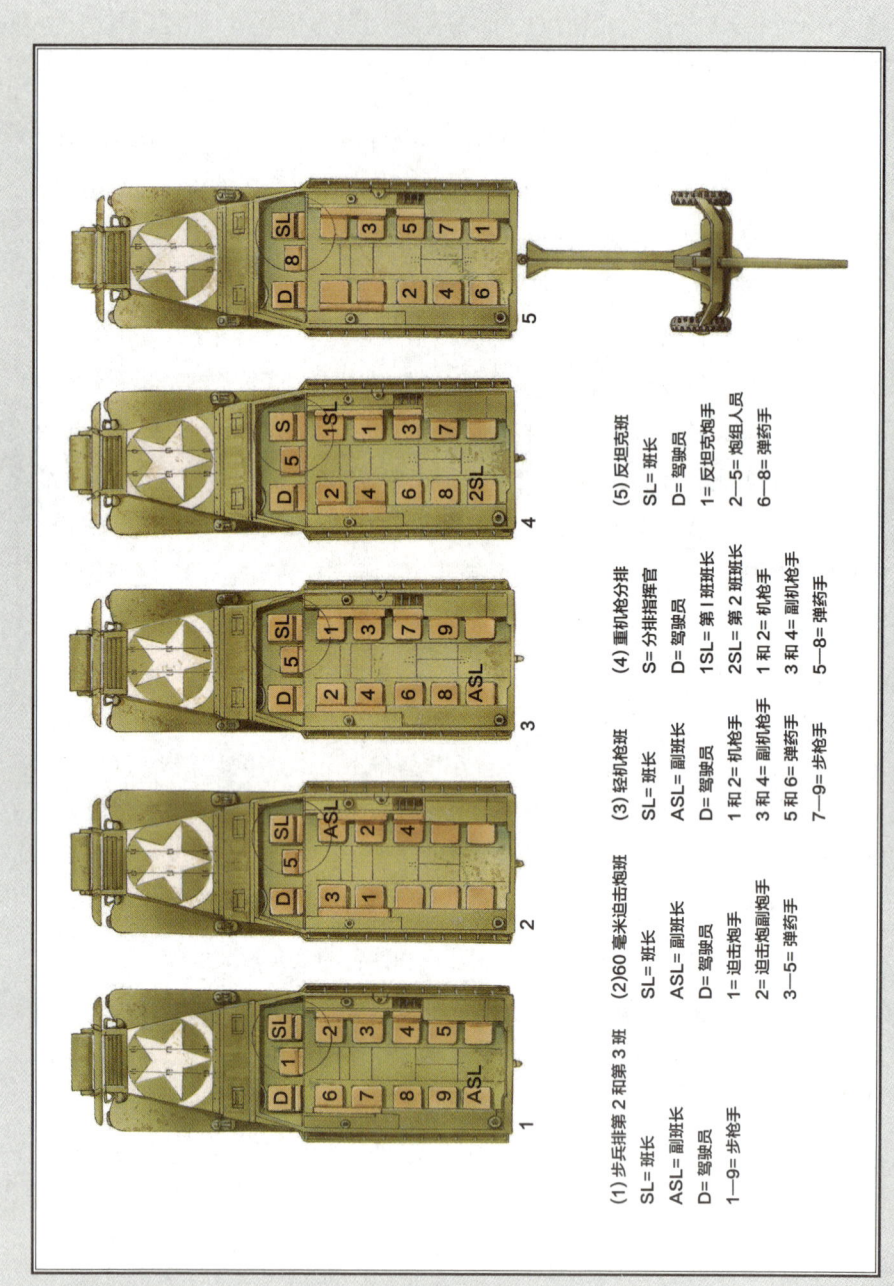

(1) 步兵排第 2 和第 3 班
SL＝班长
ASL＝副班长
D＝驾驶员
1—9＝步枪手

(2) 60 毫米迫击炮班
SL＝班长
ASL＝副班长
D＝驾驶员
1＝迫击炮手
2＝迫击炮副炮手
3—5＝弹药手

(3) 轻机枪班
SL＝班长
ASL＝副班长
D＝驾驶员
1 和 2＝机枪手
3 和 4＝副机枪手
5 和 6＝弹药手
7—9＝步枪手

(4) 重机枪分排
S＝分排指挥官
D＝驾驶员
1SL＝第 1 班班长
2SL＝第 2 班班长
1 和 2＝机枪手
3 和 4＝副机枪手
5—8＝弹药手

(5) 反坦克班
SL＝班长
D＝驾驶员
1＝反坦克炮手
2—5＝炮组人员
6—8＝弹药手

半履带车的座位安排

❖ 半履带车的座位安排

图中所示的座位安排可以让班组人员下车后迅速组成战术队形，或让班组人员操作武器快速投入战斗，同时帮助人员减少走动。排部与第1班（未展示）的座位安排与第2和第3班（1）类似，只是排长将在班长（SL）所处位置就座。需要注意的是，本图并未展示排军士长的位置，但他通常会乘坐排最后方的半履带车——即迫击炮班或机枪班的半履带车。图中的反坦克班（5）隶属于连反坦克排，而重机枪分排（4）则隶属于营机枪排。此外，半履带车驾驶员均接受过专门培训，并负责车辆的维修工作。在维修期间，所有班组成员都会协助驾驶员工作。除此之外，为培养候补驾驶员，各班还会为其他成员提供训练，而且其中一人会被任命为副驾驶员。

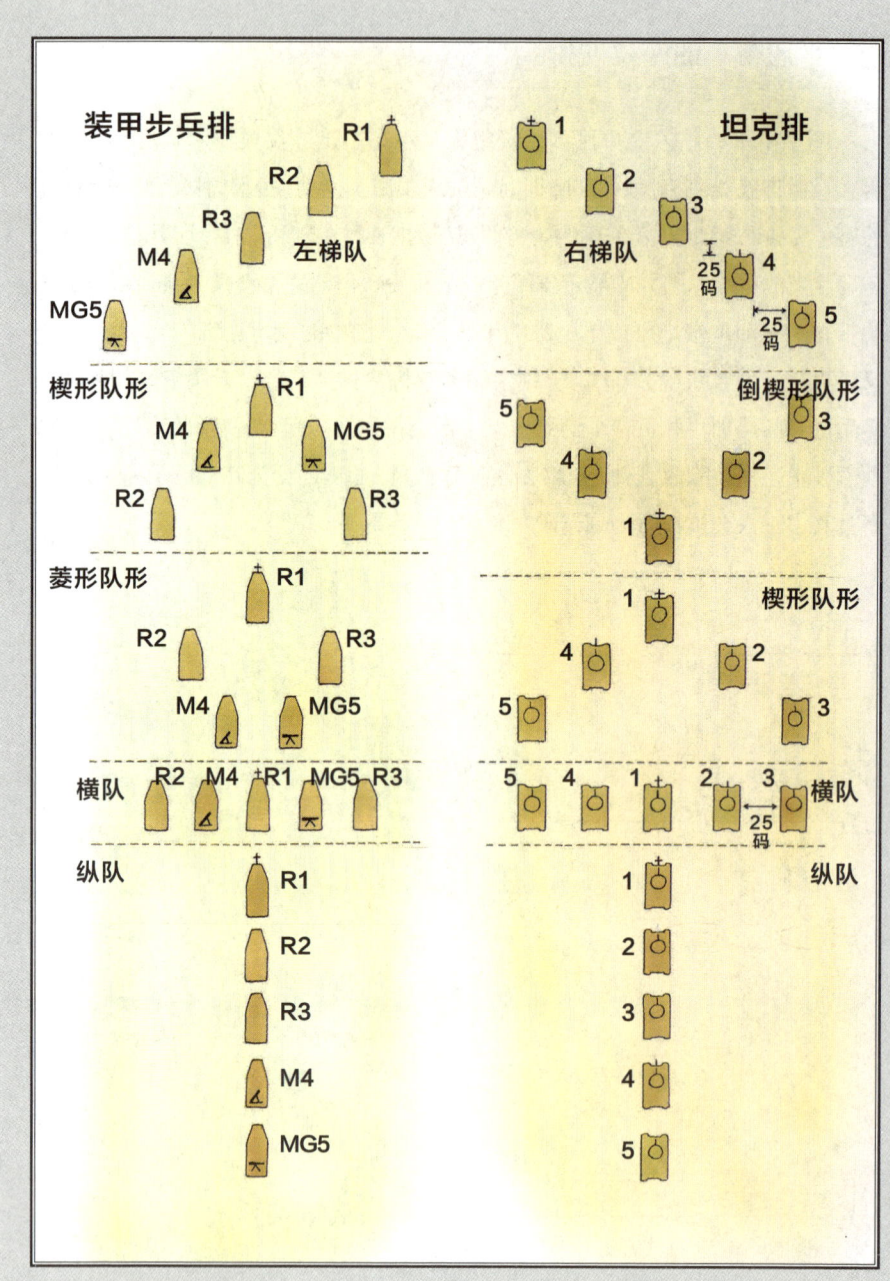

队形——乘车步兵排和坦克排

✵ 队形——乘车步兵排和坦克排

虽然装甲步兵和坦克排需要协同作战，且每个装甲步兵排和坦克排均拥有5部车辆，但它们的移动队形仍有区别。需要指出的是，步兵排并不会使用坦克排的倒楔形队形，而坦克排也从不会使用步兵排的菱形队形。每种队形都有各自的用途，可以让部队朝正面、侧翼、四周（或任意方向的组合）发扬火力。

在众多队形中，纵队能快速运动，而且易于控制——由于大部分运动都需要通过道路，因此其使用频率很高。菱形队形有助于向四周发扬火力，可以让迫击炮班和机枪班的半履带车向某一侧翼机动，或轻松转换为楔形队形或横队。梯队和楔形队形有助于向一个或全部两个侧翼发扬火力，而且楔形队形还能确保部队能有效朝正面开火。横队可以向正面充分发扬火力。

车辆的间隔取决于地形、能见度和战术形势——根据条令，在开阔地，车辆的标准间隔是侧面和前后各25码，而在纵队中，车辆同样应保持25码间距。此外，各排必须学会从一种队形过渡到另一种队形，并在此期间保持秩序。如果车辆发生战损、故障或瘫痪，部队就必须调整队形。

图中的R1—R3代表装甲步兵排下辖的步兵班，M4代表迫击炮班，MG5代表轻机枪班，1代表坦克排排长，4代表坦克排军士长。[①]

[①] 译者注：原书如此。

1

坦克连第1排　　坦克连第2排　　坦克连第3排

坦克连连部

来自轻型坦克连的1个排

装甲步兵连反坦克排

2

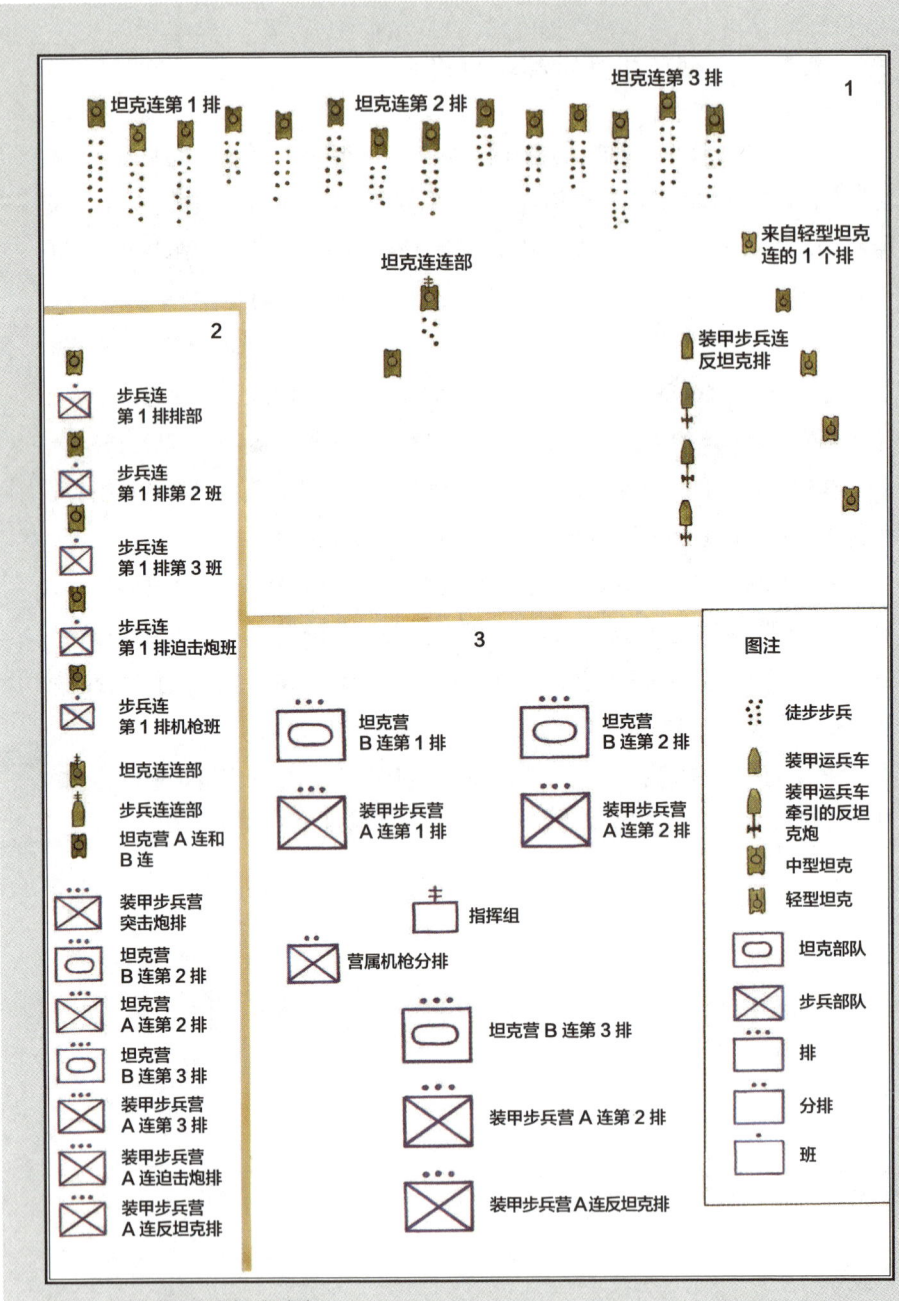

步兵连第1排排部
步兵连第1排第2班
步兵连第1排第3班
步兵连第1排迫击炮班
步兵连第1排机枪班
坦克连连部
步兵连连部
坦克营A连和B连
装甲步兵营突击炮排
坦克营B连第2排
坦克营A连第2排
坦克营B连第3排
装甲步兵营A连第3排
装甲步兵营A连迫击炮排
装甲步兵营A连反坦克排

3

坦克营B连第1排
坦克营B连第2排
装甲步兵营A连第1排
装甲步兵营A连第2排
指挥组
营属机枪分排
坦克营B连第3排
装甲步兵营A连第2排
装甲步兵营A连反坦克排

图注

- 徒步步兵
- 装甲运兵车
- 装甲运兵车牵引的反坦克炮
- 中型坦克
- 轻型坦克
- 坦克部队
- 步兵部队
- 排
- 分排
- 班

队形——乘车装甲步兵连和坦克连

队形——乘车装甲步兵连和坦克连

在行动时，装甲步兵连和坦克连通常组成一队，即共同作战。各排的部署取决于战术形势和地形，不过各部队也会针对特定情况（如在公路上接敌行进时、在疏开状态下越野前进时，以及部署战斗队形时）制定标准行动规程。在本图中，排符号并不代表特定的队形，具体队形取决于战术形势、地形和能见度，而且各排的队形可能存在差异。图中展示的参战部队包括某装甲步兵营A连和某坦克营B连。而且有个示例的参战部队还配属了坦克营D连的1个轻型坦克排，以及装甲步兵营的重机枪分排和（或）突击炮排。

1. 装甲步兵连和坦克连排成攻击队形，在宽阔的正面展开。但坦克连第3排缺少1辆坦克。同时步兵下车作战，以班为单位跟随坦克前进。而配属的轻型坦克排则排成梯队，以保护暴露的右翼。

2. 由于大部分运动都是沿道路进行的，因此美军经常在前进和接敌运动时排成纵队，而且纵队也有利于进行控制。在交战后，部队将根据敌方部署、地形和障碍物做必要展开。先头步兵排各班将与坦克协同行动，2个连的连部紧随其后，其他步兵排则跟在坦克排后方。另外，营属突击炮排和81毫米迫击炮排也会伴随行动。

3. 在两翼，美军将各部署1个坦克排，这些坦克排以倒楔形队形前进，步兵排会派出步兵班跟随坦克行动。1个营属重机枪分排跟随左侧的步兵连第1排前进，以确保侧翼安全并提供火力支援。支援排紧随其后，该排将做好准备，以便向某1个侧翼展开，或增援遭受损失的排。

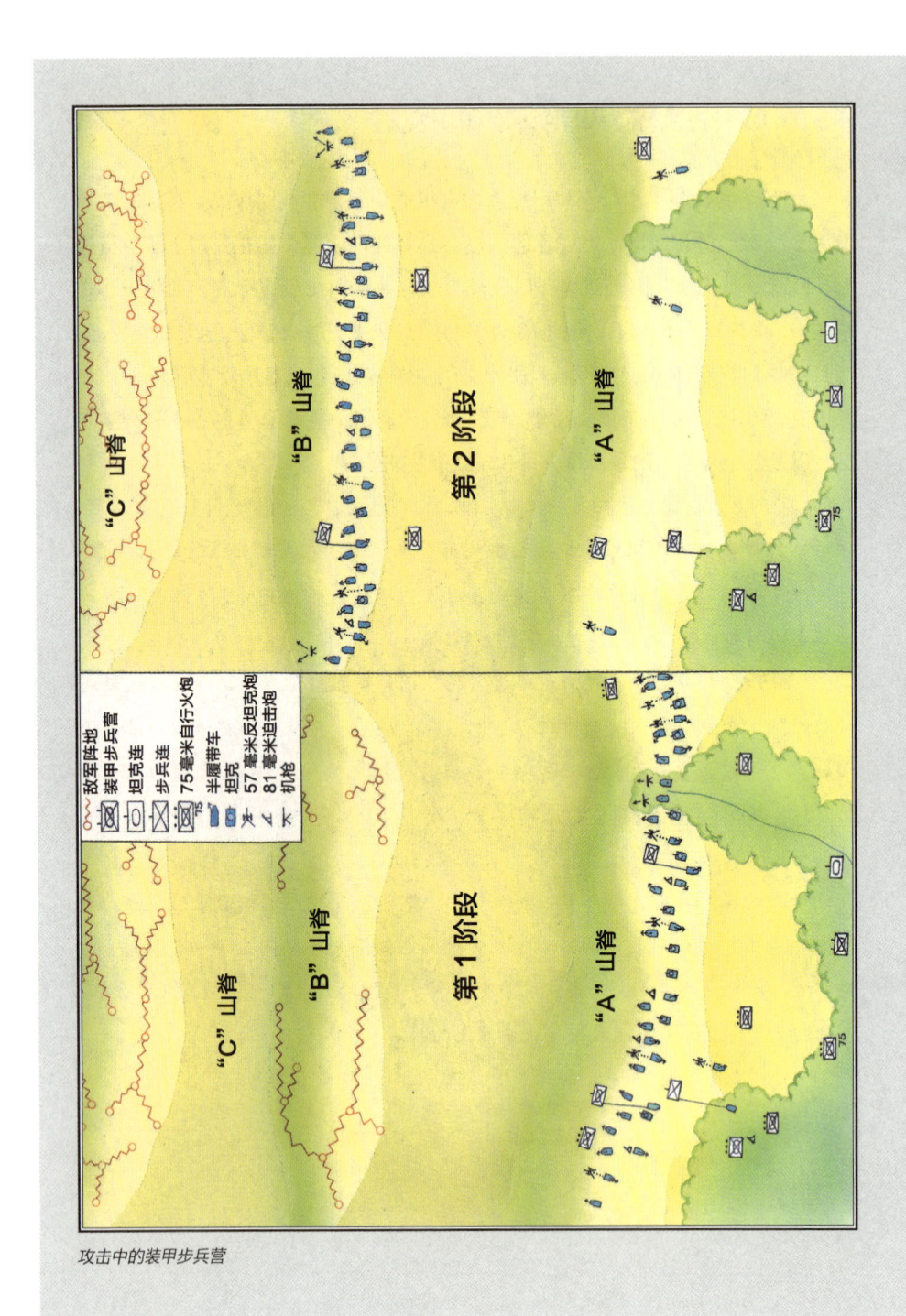

攻击中的装甲步兵营

攻击中的装甲步兵营

本图来自野战手册 FM 17-42《装甲步兵营》（1944 年 11 月出版）中的 1 个案例，即"进攻敌阵地"。该手册反映了美军在战术领域（尤其是步坦协同方面）的最新思路，并给出了一个行动案例，试图展示装甲步兵营的支援力量（突击炮、迫击炮和反坦克炮）是如何部署的。攻击行动分为 2 个阶段，任务是控制 2 条山脊线（即"B"山脊和"C"山脊）。当时，装甲步兵营已占据"A"山脊，且武器也各就各位，可以支援友军向"B"山脊发动进攻。在夺取"B"山脊后，大部分支援武器将被向前部署，以支援友军继续对主要目标——"C"山脊——发动进攻。值得一提的是，由于有些支援武器射程较远，无需重新部署，因此它们没有被转移位置。一些连属 57 毫米反坦克炮也被留在原地，以保护前进单位的后方。（各分队的图标注解可见本书第 202 页）。

装甲步兵连支援防御

装甲步兵连支援防御

虽然装甲部队被认为是"决定性兵种",可以利用冲击力、火力和装甲防护发起凌厉进攻,但他们的行动能力并不是无限的,而是必须稍事休息,并重新修整装备。另外,他们的行动可能因地形、天气或敌情而延误和停顿。他们还可能被迫停止前进,以便其他部队跟上,或等待其他行动阶段执行完毕。虽然坦克能帮助步兵加强防御,但防御部队不能只依靠坦克。相较之下,步兵才是防御的关键——除了能利用轻武器发射直瞄火力,他们还需进行局部警戒巡逻、建立前哨和潜伏哨、埋设地雷、设置障碍和发动反击。在步兵掘壕据守期间,坦克将为步兵充当保护屏障,步兵也会反过来保护坦克,使其免遭近距离攻击。在本图中,装甲步兵连的2个排已经掘壕据守,并架设起班组武器(1)。支援排则为在前方充当屏障的2个坦克排提供保护(2),而该排的机枪和迫击炮操作手则与更后方的其他步兵排一起掘壕据守。第3个坦克排则担任预备队(3)。1门57毫米反坦克炮正在被部署到阵地上(4),同时,步兵连的一些半履带车和勤务连的卡车带着弹药和补给抵达阵地(5和6)。但在图中,步兵排和坦克排都没有满编。

突破"齐格飞防线"

208

突破"齐格飞防线"

"齐格飞防线"又名"西墙",是一道坚固的屏障,但在1944年9月和10月被美军攻破。为攻克碉堡,所有部队均会自行制定出一系列程序。一般情况下,美军会用远程火炮、突击炮和迫击炮轰击碉堡和周围地区,然后派遣两到三辆坦克从不同方向接近碉堡。此举旨在驱赶碉堡周围之敌,迫使他们从两人或三人战斗阵地撤回碉堡。在战争期间,碉堡内的反坦克炮大多被拆除,只剩下机枪。

当坦克主炮和机枪朝射击口和可疑战斗阵地射击时(1),步兵突击队将携带火箭筒、炸药包(有时还有火焰喷射器)上前(2)。师属装甲工兵营拥有18具M1A1火焰喷射器,但由于使用频率较低,这些武器在1944年11月被撤装。它们的处置则由战区指挥官自行决定——其中一些被存放起来,但有些则被部队自行保留。火焰喷射器可由工兵操作,也可由受过专门训练的装甲步兵操作。在很多情况下,美军只需要喷一次火焰进行威慑,让碉堡守军能从射击口看到这一幕,就能使对方挥舞白旗。另一种更成功的战术是使用推土坦克——在图中,它是1辆配有105毫米榴弹炮的M4A3突击坦克(3)。1943年,美军为使用VVSS悬挂系统的"谢尔曼"坦克推出了M1推土铲(如图所示),并为使用HVSS悬挂系统(比VVSS悬挂系统更宽)的"谢尔曼"推出了M1A1推土铲。如果守军拒绝投降,推土坦克会首先将土犁进射击口,然后掩埋碉堡出口——在最后一步之前,守军通常会高举双手跑出来。接下来,工兵会在碉堡内放置500磅重的炸药,将碉堡炸塌,防止它们被敌军夺回并重新使用。

坦克和装甲步兵连夺取村庄

坦克和装甲步兵连夺取村庄

1个徒步步兵连与1个坦克连共同进攻某一座法国村庄。步兵连第1排和坦克连第1排（1）沿主干道进攻，进入村镇广场（2）。坦克排下属的轻型坦克分排脱离部队，前往左侧道路（3）。同时，1门57毫米反坦克炮（4）已进入阵地，其射界覆盖左侧的外围建筑。步兵连第2排和坦克连第2排从右翼进攻（5）。其中坦克排以教堂为目标，但先头坦克在前进途中撞上石墙，随后被击毁（6）。另一辆坦克则掩护乘员撤离，而该排的其他坦克则进一步转向右翼（7）。村子远处的建筑物被105毫米自行榴弹炮击中，正在起火燃烧（8），营属81毫米迫击炮排向村子右翼的建筑物发射白磷烟幕弹（9），掩护步兵连第3排从树丛接近村庄（10）。按照计划，步兵连第1排和坦克连第1排将一路且战且进，前往村庄远处一侧（11），以便与步兵连第3排会合，并准备好抵御反击。在反坦克排其余部队上前增援上述部队期间，步兵连第2排和坦克连第2排将肃清村庄其余部分。营直属的1个重机枪分排（尚未抵达）和位于图中（4）处的反坦克炮将保护左翼（12），确保射界覆盖通过墓地的道路（13）。

参考资料

官方手册 / 指南：

USF 10A《美国舰队现行战术指令和条令》(美国海军，1944 年出版)

USF 74B《美国舰队现行战术指令和条令：飞机部分》第 1 卷 "舰载机"(美国海军，1944 年出版)

USF 77A《美国舰队现行战术指令和条令》(美国海军，1943 年出版)

吉米·弗拉特利，《情况通报》附件 C "战斗机中队扫荡条令"(Conduct of VF Sweeps - Doctrine for)；附件 D "第 58 特混舰队飞行员战斗注意事项"(Combat Notes for Task Force 58 pilots)；附件 E "飞行员规避高射炮注意事项"(Notes for pilots on Flak Evasion)(美国海军，1945 年出版)

美国舰队总司令部，《1944 年美国海军作战指令》(美国海军，1944 年出版)

《第 8A 号雷达公告》(Radar Bulletin No. 8A)[美国海军部政府出版办公室(GPO)，1950 年出版]

官方报告 / 分析文件：

沃拉尔·卡特尔(Worrall Reed Carter)，《大豆、子弹和黑色燃油：二战太平洋舰队后勤故事》(Beans, Bullets, and Black Oil: The Story of Fleet Logistics Afloat in the Pacific in World War Ⅱ)(1952 年出版)

哈尔·弗里德曼(Hal M. Friedman，编辑)，《消化历史：美国海军战争学院、二战经验教训和未来海战，1945—1947》(Digesting History: The U.S. Naval War College, the Lessons of World War Two, and Future Naval Warfare 1945-1947)(美国海军部政府出版办公室，2010 年出版)

美国国防部武器系统评估小组(United States Department of Defense, Weapons Systems Evaluation Group)，《二战快速航母特混舰队作战经验》(美国国防部，1951 年出版)

文章 / 论文：

托马斯·霍恩(Thomas Hone)，《二战太平洋战场战列舰与航母主导地位的演变》(Replaceacing Battleships with Aircraft Carriers in the Pacific in World War Ⅱ)[出自《海军战争学院评论》(Naval War College Review)，2013 年出版]

特伦特·霍恩(Trent Hone)，《美国海军水面作战理论和太平洋之战的胜利》(U.S. Navy Surface Battle Doctrine and Victory in the Pacific)(出自《海军战争学院评论》第 62 卷第 1 期 2009 年冬季号)

电影：

航空局，《甲板地勤人员：飞机降落和重新停放》(Flight Deck Crews: Landing and Re-Spotting

Aircraft）（美国海军，1943 年发行）

爱德华·史泰钦（Edward Steichen），《战斗的女士》（The Fighting Lady）（美国海军，1944 年）

书籍：

爱德华·阿特金斯（Edward Atkins），《飞行甲板："万能犬"一天的生活写真》（Flight Deck: A Pictorial Essay of a Day in the Life of an Airedale）[罗斯道格出版社（RoseDog Books），2006 年出版]

拉尔斯·卡林德（Lars Celander），《航母如何作战》（How Carriers Fought）[炮台出版社（Casemate Publishers），2018 年出版]

雷内·弗兰西永（Rene Francillon），《美国海军航母航空兵大队：太平洋战场，1941—1945 年》（US Navy Carrier Air Groups: Pacific 1941-45）（鱼鹰出版社，1978 年出版）

诺曼·弗里德曼（Norman Friedman），《舰队上空的战斗机：从双翼机到冷战时代的海军防空》（Fighters over the Fleet: Naval Air Defense from Biplanes to the Cold War）（美国海军学会出版社，2016 年出版）

诺曼·弗里德曼，《美国海军武器：1883 年至今美国海军使用的所有火炮、导弹、水雷和鱼雷》（U.S. Naval Weapons: Every Gun, Missile, Mine, and Torpedo Used by the U.S. Navy from 1883 to the Present Day）（美国海军学会出版社，1982 年出版）

韦恩·休斯（Wayne P. Hughes），《舰队战术：理论与实践》（Fleet Tactics: Theory and Practice）（美国海军学会出版社，1982 年出版）

克拉克·雷诺兹（Clark G. Reynolds），《快速航母：航空海军的诞生》（The Fast Carriers: The Forging of an Air Navy）（美国海军学会出版社，1992 年出版）

斯内林·罗宾森（Snelling Robinson），《跟随驱逐舰"科滕"号航行 20 万海里》（200,000 Miles Aboard the Destroyer Cotten）[肯特州立大学出版社（Kent State University Press），2000 年出版]

马克·斯蒂勒（Mark Stille），《美国海军航空母舰，1942—1945：二战竣工航母》（US Navy Aircraft Carriers 1942-45: WW II -Built Ships）（鱼鹰出版社，2007 年出版）

巴雷特·提尔曼（Barrett Tillman），《航母较量："马里亚纳猎火鸡"的真实故事》（Clash of the Carriers: The True Story of the Marianas Turkey Shoot）[达顿 - 口径出版社（Dutton Caliber），2006 年出版]

托马斯·威尔登贝格（Thomas Wildenberg），《灰色钢铁与黑色燃油：美国海军的快速油船和海上补给，1912—1992》（Gray Steel and Black Oil: Fast Tankers and Replenishment at Sea in the U.S. Navy, 1912-1992）（美国海军学会出版社，1996 年出版）

托马斯·威尔登贝格，《注定的荣耀：俯冲轰炸、中途岛海战和舰载空中力量的演变》（Destined for Glory: Dive Bombing, Midway, and the Evolution of Carrier Airpower）（美国海军学会出版社，1998 年出版）

E.T. 伍德里奇（E.T.Wooldridge，编辑），《太平洋战争中的航母作战：口述历史合集》（Carrier

Warfare in the Pacific: An Oral History Collection）[史密森尼学会出版社（Smithsonian Institute Press），1993 年出版]

韦斯顿·埃莫里（Weston L. Emery），《第 66 装甲步兵营 C 连——一个装甲步兵连的二战编年史》（C-66-A World War II Chronicle of an Armored Infantry Company）（私人出版，1992 年出版）

克里斯托弗·加贝尔（Christopher R. Gabel），《南锡包围战中的第 4 装甲师》(The 4th Armored Division in the Encirclement of Nancy）[堪萨斯州莱温沃思堡（Ft Leavenworth）：美国陆军指挥与参谋部学院出版社（Command & General Staff Collage），1986 年出版]

米尔德里德·吉利（Mildred C. Gillie），《缔造闪电：美国装甲部队发展史》(Forging the Thunderbolt: A History of the Development of the Armored Force）[宾夕法尼亚州哈里斯堡（Harrisburg）：军事服务出版社（Military Service Publishing），1947 年出版]

理查德·亨尼卡特（Richard P.Hunnicutt），《半履带：美国半履带车辆史》(Half-Track: A History of American Semi-Tracked Vehicles）[加利福尼亚州诺瓦托（Novato）：普雷西迪奥出版社（Presidio Press），2001 年出版]

吉姆·梅斯科（Jim Mesko），《M2/M3 半履带装甲车——装甲车辆详解》(M2/M3 Half-Track-Armor Walk Around）[得克萨斯州卡罗尔顿（Carrollton）：中队 / 信号出版社（Squadron/Signal Publications），2004 年出版]

吉姆·梅斯科，《战斗中的 M3 半履带车》(M3 Half-Track in Action）（得克萨斯州卡罗尔顿：中队 / 信号出版社，1996 年出版）

约翰·威尔森（John B. Wilson），《机动与火力：师和独立旅的发展演变》(The Evolution of Divisions and Separate Brigades）[华盛顿特区；美国军事历史中心（Center of Military History），1998 年出版]

斯蒂文·扎洛加（Steven J. Zaloga），《第二次世界大战中的美国半履带车》[伦敦：武器与铠甲出版社（Arms & Armor Press），1985 年出版]

野战手册 FM 17-5，《装甲部队行动规程》(Armored Force Drill，1943 年 1 月出版）

野战手册 FM 17-10，《装甲部队野战手册战术与技术》(Armored Force Field Manual Tactics and Techniques，1942 年 3 月出版）

野战手册 FM 17-33，《轻型和中型装甲营》(The Armored Battalion, Light and Medium，1942 年 3 月出版）

野战手册 FM 17-36，《坦克与步兵在装甲行动中的协同部署》(Armored Employment of Tanks with Infantry，1944 年 3 月出版）

野战手册 FM 17-40，《装甲步兵连》(Armored Infantry Company，1944 年 11 月出版）

野战手册 FM 17-42，《装甲步兵营》(Armored Infantry Battalion，1944 年 11 月出版）

野战手册 FM 17-71，《半履带车乘员行动规程》(1943 年 9 月出版）

"二战战术手册"系列丛书 WORLD WAR II TACTICS

英国鱼鹰社 (OSPREY PUBLISHING)

Elite丛书中译本

备受中国军迷痴迷的二战战术大全

- 01 二战战术手册：步兵班、排、连、营战术
- 02 二战战术手册：巷战与火力支援战术
- 03 二战战术手册：美军快速航母特混舰队和装甲步兵战术
- 04 二战战术手册：冬季、山地作战和反坦克战术
- 05 二战战术手册：沙漠和江河突击战术
- 06 二战战术手册：U艇、滑翔机和日本坦克战术
- 07 二战战术手册：两栖突击战术
- 08 二战战术手册：侦察和伪装战术
- 09 二战战术手册：丛林和空降战术
- 10 二战战术手册：野战通信和步兵突击战术

鱼鹰社产品长盛不衰的秘诀之一

■ 精美的插图！专业插画师绘制，彩色场景示意图，细节丰富、场景考究；

鱼鹰社产品长盛不衰的秘诀之二

■ 专业的考证！生动还原各国武器装备、战术的运用场景和实际运用情况。通过横向对比，梳理不同战场上的战术，剖析各国战术的实际运用情况和优缺点。